영화평론가 진 시스켈에게 "당신이 확실하게 아는 것이 있다면, 그것은 무엇입니까?"라는 질문을 받은 후, 오프라 윈프리는 '내가 확실히 아는 것들'이라는 제목으로 『O 매거진』에 한 달에 한 편씩 칼럼을 쓰기 시작했다.

그 질문은 오프라 윈프리가 자신의 지난 인생을 다시 살필 기회를 주었다. 그녀가 14년간 칼럼을 쓰는 동안 토크쇼 사상 가장 높은 시청률을 기록했던 〈오프라 윈프리 쇼〉의 막을 내리고 새롭게 자신의 TV 네트워크를 구축했으며, 미국에서 흑인으로는 유일하게 억만장자가 되었다. 그리고 하버드대학교에서 명예 박사학위를 받았으며, 미국 대통령 오바마로부터 '대통령 자유의 메달'을 수상하기도 했다. 또한 그녀는 친구들과 동료들이 오가는 모습을 지켜보았고, 가족 같은 반려동물을 잃었지만 새 식구들을 입양했으며, 삶의 전환점을 찍는 생일을 여러 번 맞이했다. 그 모든 일을 거치는 동안 그녀는 『O 매거진』의 '내가 확실히 아는 것들'이라는 칼럼을 통해 심오하면서도 영감을 일으키는 지혜의 말을 독자들과 지속해서 나누어 왔다.

그리고 드디어, 14년 동안의 칼럼에서 선택된 보석 같은 사색의 글들이 『내가 확실히 아는 것들』이라는 아름다운 한 권의 책으로 다듬어져 나왔다. 오프라 윈프리의 영감과 깨달음의 고백이, 기쁨, 회생력, 교감, 감사, 가능성, 경외, 명확함, 힘이라는 주제로 나뉘어 엮인 이 책을 통해 독자들은 우리 시대의 가장 뛰어난 여성의 마음속을 엿볼 수 있는 의미있고 강렬한 기회를 누릴 것이다. 솔직하고 감동적이며 짜릿하고 의식을 고양하는, 강력한 힘을 내뿜는 지혜와 진실의 이야기들이 담긴 『내가 확실히 아는 것들』은 한 번 읽고 그치는 것이 아니라 곁에 두고 몇 번이고 계속 펼치게 될, 그런 책이 될 것이다.

내가 확실히 아는 것들

What I Know For Sure

내가 확실히 아는 것들

오프라 윈프리 지음 | 송연수 옮김

북하우스

프롤로그

이미 알려진 내용이지만 이 책을 위해서라면 한 번은 더 되풀이할 가치가 있는 이야기를 하나 해보려고 한다. 1998년, 지금은 고인이 된 시카고 선타임스지紙의 영화평론가였던 진 시스켈과 겪은 일로, 나는 당시에 생방송 텔레비전 인터뷰를 통해 내가 출연한 영화 〈빌러비드Beloved〉를 홍보하고 있었다. 그날 진과의 인터뷰는 상당히 깔끔하게 진행되었고 우리는 대화를 거의 마무리할 때가 되었다. 그때 진이 운을 뗐다. "그런데 말이죠, 오프라. 당신이 확실하게 아는 것이 있다면, 그것은 무엇입니까?"

물론 그날이 내 생애 첫 인터뷰는 아니었다. 나는 여러 해에 걸쳐 엄청나게 많은 질문을 받고 또 받아왔지만 이렇게 무슨 대답을 해야 할지 전혀 감이 오지 않는 일은 흔치 않다. 그런데 그날, 인정하기는 싫지만 진은 내 말문을 막는 데 확실히 성공했다.

"아……? 영화에 관련해서요?" 내가 더듬거리며 반문했다. 그가 노리는 것이 뭔가 더 크고 의미심장하며 더욱 복잡한 주제임을 아주 잘 알면서도 그럴싸한 대답이 떠오를 때까지 시간을 벌기 위해 꼼수를 썼다.

"아뇨. 내가 뭘 물어보는 건지 잘 알면서 그래요. 나는 오프라 당신에 대해서, 당신의 인생에 대해서 알고 싶은 겁니다. 할 말이 많을 것 같은데요."

"어…… 내가 확실히 아는 게…… 어…… 흠…… 진, 그 질문에 관해서라면 생각할 시간이 더 필요해요. 그게 내가 확실히 아는 거네요."

그로부터 16년이 흘렀고 오랜 시간 많은 생각을 곱씹은 후, 그가 한 질문은 내 인생의 가장 중요한 질문으로 자리 잡았다. 내가 확실히 아는 것이 과연 무엇일까?

나는 『O 매거진O-The Oprah Magazine』에 '내가 확실히 아는 것

들'이라는 제목으로 한 달에 한 번 칼럼을 쓰면서 그 질문을 탐구해왔다. 그런데 믿을지 모르겠지만 지금도 쉽게 답이 나오지 않는 경우가 허다하다. 이런 내가 확실히 아는 게 뭐냐고 누군가 묻는다면, 만약 편집자가 한 번만 더 전화하거나 이메일을 보내거나 혹은 봉화를 올려서 이번 호의 칼럼은 어디쯤 와 있느냐고 나를 재촉한다면 이름을 바꿔버리고 팀북투로 도망가버릴 생각이라는 거다. 그건 내가 확실히 안다.

하지만 실제로 "이젠 정말 끝이야! 난 바닥이 났어! 아는 게 하나도 없다고!"라고 외치며 백기를 들어 올리려는 순간이 닥치면, 어느새 개들과 함께 산책하러 나가거나 녹차를 우려내거나 욕조에 몸을 푹 담그고 있는 자신을 발견하곤 한다. 그러고 있노라면 불현듯 수정처럼 맑은 깨달음의 순간이 반짝이며 다가와 내가 원하는 곳으로 나를 이끌어준다. 내가 조금도 의심하지 않고, 이성적으로, 감성적으로, 그리고 본능에 따라 확실히 알고 있는 것들을 기억하게 해준다.

그럼에도 이 책을 위해 내가 14년 동안 써왔던 칼럼들을 다시 읽어봐야 했을 때는 다소 거북해질 수밖에 없었다. 예전에 찍은 사진을 보면서 '저 땐 저런 머리 모양과 옷이 괜찮아 보였다니, 내가 정신이 나갔었나 봐!'라고 느낀 경험이 누구나 한 번쯤은 있을 것이다. 예전에 쓴 칼럼을 읽으면서 그런 느낌을 받게 되면 어떻게 할까. 과거에는 확신했던 것들에 대해 현재 이 자리에서는 '내가 제정신이었나?'라고 생각하게 된다면 어떻게 해야 하는가 말이다.

나는 소비뇽 블랑 한 잔을 옆에 놓고 책상 앞에 앉아, 빨간 펜을 손에 쥐고 숨을 깊이 들이쉰 후 칼럼을 읽기 시작했다. 그러고 있자니 칼럼을 썼을 때 내가 무엇을 하고 있었는지, 인생의 어디쯤 있었는지에 관한 기억이 홍수처럼 밀려왔다. 삶에서 진정 중요한 것이 무엇인지 깨닫기 위해 머리를 쥐어짜고 내 영혼을 찾아 헤매며 밤늦게까지 잠들지 못하고 이른 아침에 눈 뜨던 나날이 바로 기억났다. 그 시간을 통해 나는 우리 삶에서 기쁨, 회생력, 경외, 교감, 감사, 가능성 같은 것이 중요하다는 걸 깨달았다. 우리가 삶에서 어떤 교훈을 배우고 그것을 아주 잘 알게 되면, 그 깨달음은 시간의 시험을 견뎌내기 마련이다. 14년간 써온 칼럼을 통해 그 사실을 깨달았음을 이 자리에서 말할 수 있게 되어 참으로 기쁘다.

물론 오해는 하지 말기 바란다. 세상을 향해 마음을 열고 열심히 살아가다 보면 새로운 것을 계속 배우게 되는 법이다. 이미 인생의 핵심적인 가치관이 내 머릿속에 견고하게 자리잡았음에도 나는 빨간 펜을 사용해야 했다. 오랫동안 알고 있던 몇 가지 진실과 힘겹게 습득한 통찰을 더 깊이 탐구하고 확장하기 위해 몇몇 문구를 쳐내거나 고쳐야 했다. 그렇게 탄생한 오프라라는 한 인간의 내면의 묵시록에 도착한 당신을 환영한다.

이 책에는 내가 저항도 해보고 울고 도망치다가 다시 돌아오기도 했으며 가까스로 수긍하고 즐겁게 웃으면서 배운, 그렇게 해서 결국 내가 확실하게 알게 된 교훈들이 적혀 있다. 이 책을 읽는 독자들에게 바라는 점이 있다면 오래전 내가 그랬던 것처럼 진 시스켈이 던졌던 질문을 자신에게 물어보았으면 하는 것이다. 장담하는데 그 과정에서 여러분은 정말 멋진 것을 발견할 것이다. 내가 이렇게 확신하는 건, 결국 당신이 발견하게 될 것은 당신 자신이기 때문이다.

차례

1장

기쁨
Joy

"자리에 앉아라. 삶이라는 만찬을 한껏 즐겨라."
– 데렉 월컷(트리니다드토바고의 시인이자 극작가)

티나 터너가 처음으로 내 토크쇼에 출연했을 때 나는 그녀를 따라 도망치고 싶었다. 백댄서가 되어, 그녀의 콘서트에서 밤새 춤추고 싶었다. 황당한 소망이라고? 〈오프라 쇼〉가 티나의 투어를 따라나선 어느 날 밤, LA에서 내가 꿈꾸었던 소망은 현실이 되었다. 노래 한 곡을 가지고 종일 연습한 후에야 나는 기회를 잡았다.

살면서 그렇게 무릎이 흐느적거리면서 떨리고 정신이 아찔할 정도로 흥분한 적이 있었을까? 사실 그렇게 심장이 떨린 것도 처음이었다. 무대 위에서 한 판 거하게 노는 것이 어떤 느낌인지 5분 27초 동안 경험할 수 있었다. 그때만큼 내가 평상시의 편안한 상태에서 벗어나 비현실적인 상황에 부닥쳐본 적이 없다. 머릿속으로 스텝을 밟고 리듬을 맞추려고 애쓰며 결정적인 흥분의 순간이 덮치기를 고대하던 내 모습이 지금도 기억난다.

그때 나는 나 자신을 지나치게 의식하고 있었다. *넌 괜찮아,* *금방 끝날 거야.* 그러다가 홀연히 깨달았다. 긴장을 풀지 못하면 제대로 즐기지 못할 거라는 걸. 그래서 나는 고개를 뒤로 확 젖히고, '스텝, 스텝, 돌고, 찬다……'를 머릿속에서 떨쳐버리고 그냥 춤을 췄다. *자, 간다!!!*

몇 달 후, 나의 벗이며 정신적 스승인 마야 안젤루Maya Angelou (미국의 시인이자 소설가. 토니 모리슨, 오프라 윈프리 등과 함께 미국에서 가장 영향력 있는 흑인 여성 중 한 명으로 꼽힌다. 1970년 자전적 소설『새장에 갇힌 새가 왜 노래하는지 나는 아네』를 발표해 세계적인 작가 반열에 올랐으며, 2014년에 86세의 나이로 타계했다. ─ 옮긴이)로부터 소포가 도착했다. 자기 딸들에게 주고 싶은 것이라며 선물로 보낸 것이다. 포장을 뜯고 꾸러미를 열자, 리 안 워맥Lee Ann Womack이 부른 노래가 실린 CD 한 장이 나왔다. 지금도 나는 그 노래를 듣기만 하면 볼썽사나운 모습으로 엉엉 울곤 한다. 마야의 삶의 증언이나 다름없는 그 노래에는 다음과 같은 가사의 후렴구가 있다.

계속 자리에 앉아 있을 것이냐, 춤을 출 것이냐, 선택의 갈림길에 서면, 나는 네가 춤을 추었으면 좋겠어.

나는 확실히 안다. 우리 모두에게는 숨을 들이마신 후 신발을 벗어 던지고 무대로 걸어 나와 춤출 기회가 매일 주어진다. 한 점 후회 없이 지칠 때까지 즐거움을 누리고 까르르 웃으며 기쁨으로 가득 찬 삶을 살 기회가 매일 온다. 그때 우리는 삶이라는 무대 위로 담대하게 춤추며 올라. 직관에 따라 자신의 영혼이 살며시 이끄는 방향을 따르면 된다. 물론 벽 앞에 조용히 앉아 자기 의심과 두려움의 그늘에 머무를 수도 있겠다.

바로 지금이 선택해야 할 순간이다. 지금 이 순간만이 우리가 그 존재를 확신할 수 있는 유일한 순간이다. 당신이 인생에서 중요하지 않은, 비본질적인 것들에 파묻혀 정말로 즐겁게 사는 것을 잊는 일은 없었으면 좋겠다. 지금 이 순간은 곧 사라지기 때문이다. 무엇보다 당신이 훗날 인생을 되돌아보았을 때, 당신이 매 순간을 소중히 보내기로 마음먹고 마치 지금이 내게 허락된 시간의 전부인 양 온 힘을 다해 즐기기로 결심한 날이 바로 오늘이라면 좋겠다. 그대로 자리에 머물 것인가, 무대에 나가서 춤출 것인가의 갈림길에 섰을 때, 당신이 춤을 춘다면 정말 좋겠다.

인생에 있어 즐거움을 누리는 것은 매우 중요하다.

나는 일도 열심히 하고 놀기도 열심히 한다. 인생에는 음과 양이 모두 있음을 믿기 때문이다. 나는 툭하면 행복을 느끼는 편인데, 그건 아마도 내가 하는 일에 대단히 만족하기 때문인 것 같다. 물론 이 '만족'이라는 것에도 여러 급이 있다. 나는 '이 순간을 살자'는, 내가 설파하는 말을 스스로 실천하고 싶어하기 때문에 내가 얼마나 큰 즐거움을 누리고 있는지 항상 의식하려고 노력한다.

내 가장 가까운 친구인 게일 킹과 통화를 하다 보면 머리가 땅할 정도로 정신없이 웃는 적이 많다. 전화선을 통해 꽥꽥 소리를 지를 때도 종종 이런 생각이 스치곤 한다. 그토록 오랜 세월 동안 밤마다 통화할 수 있고, 내게 진실을 말해주고 함께 깔깔거리며 웃을 수 있는 이런 사람이 옆에 있다는 것은 참으로 소중한 선물이로구나. 감히 점수를 매긴다면, 나는 별점 다섯의 즐거움이라 하겠다.

자신이 별 네 개나 다섯 개를 줄 만한 즐거움을 누리고 있다는 것을 자각하거나 스스로 그런 순간을 만들어내다 보면 복이 저절로 따라오게 마련이다. 내게는 '제정신으로 옷을 입고 (성경에 나오는 이야기로, 귀신이 들리고 옷을 입지 않은 사람이 예수의 치유를 받아 옷을 입고 제정신으로 돌아왔다는 일화에서 유래된 표현이다. — 옮긴이)' 잠에서 깬 후 침대에서 내려와 바닥에 발을 디디고, 욕실로 가서 해야 할 것을 하는 것이 별 다섯 개짜리 경험이다. 이 세상에는 건강하지 못해서 그렇게 하지 못하는 사람들이 많다고 한다.

완벽한 헤이즐넛 크리머가 올라간 진한 커피 한 잔은 별점 네 개. 목줄을 채우지 않고 반려견들과 함께 숲 속을 산책하는 것은 별점 다섯 개. 우리 집 참나무 아래에 앉아 일요일판 신문을 읽는 것은 별점 네 개. 퀸시 존스의 주방에서 노닥거리며 하염없이 수다를 떠는 것은 별점 다섯 개의 즐거움이다. 그리고 누군가를 위해 선량한 일을 하는 것은 별점 다섯 개를 훌쩍 뛰어넘는 경험이다. 선물을 받는 이가 그 선물에 깃든 정신을 이해한다는 걸 알게 되면 정말 즐겁지 않은가. 나는 매일 누군가를 위해 좋은 일을 하려고 노력한다. 개인적으로 아는 사람이라도 좋고 아니라도 상관없다.

내가 확실히 아는 것이 있다면, 인생의 즐거움이란 내가 쓴 에너지만큼 그것을 돌려받는다는 것이다. 그리고 그 즐거움의 정도는 우리가 삶을 어떻게 바라보느냐에 따라 결정된다.

양쪽 눈 모두 2.0의 시력을 가진 것보다 중요한 것이 내면의 시력, 즉 삶을 통해 우리에게 가르침과 은혜를 속삭여주는 우리 자신의 달콤한 영혼이다. 그것이 바로 인생의 즐거움이다.

삶을 황홀한 보물로 가득 채우고 싶다면 그 보물을 감상할 잠시의 시간만 내면 된다.

나는 '*아하!* 지금 이 순간'이라고 부르는 때를 의식적으로 만들어내려고 하는데, 예를 들면 오후 4시에 마살라 차이 티를 마시는 것이다. 아몬드 우유 거품이 올라간, 진한 풍미의 뜨거운 차는 실로 싱그러워서 기분 전환에 그만이다. 덕분에 남은 오후 시간을 잘 보낼 수 있다.

지금 이 순간에는 강력한 힘이 있음을 나는 확실히 안다. 그러한 순간은 재충전의 시간이며, 우리가 숨 쉴 공간이자 나 자신과 다시 이어지는 기회가 된다.

나는 '맛있는'이란 단어를 언제나 사랑했다. 그 단어가 혀 위에서 구르는 느낌은 실로 황홀하다. 그런데 맛있는 식사보다도 유쾌한 것은 맛있는 경험이다. 그것은 고급 코코넛 케이크처럼 층이 두텁고 풍미가 진하다. 두어 해 전 생일에 나는 케이크와 맛있는 경험 모두를 맛보았다. 내가 '하느님의 윙크'라고 부르는 순간 중 하나였다. 모든 것이 홀연히 완벽하게 조화로워지는 그런 순간이다.

나는 여덟 명의 여자 친구들과 함께 마우이에 머무르고 있었다. 인도 여행에서 막 돌아온 직후였고, 58세가 되는 것을 축하하기 위해 마우이의 집에서 스파를 겸한 휴식을 하고 싶었다.

여자들이란 아무리 나이가 들어도 어쩔 수 없는지, 우리는 테이블에 둘러앉아 자정까지 수다를 떨었다. 내 생일 전날 밤이었고, 새벽 12시 30분이었는데도 여덟 명의 여자 중 다섯 명은 여전히 테이블에 남아 있었다. 우리는 남자 이야기부터 크리스털 필링에 이르는 광범위한 주제를 두고 다섯 시간이나 수다를 떨다가 어느새 지쳐 늘어져 있었다. 안전하게 보호받는 느낌에 둘러싸여 웃기도 많이 웃었고, 눈물도 조금 흘렸다.

나는 나도 모르게 노래를 흥얼거리기 시작했는데, 그것은 이틀 후에 내가 인터뷰할 예정이었던 람 다스^{Ram Dass}라는 저명한 영적 지도자의 이름을 떠올리게 하는 가사였다. 친구 마리아가 불쑥 물었다.

"지금 흥얼거리는 게 뭐야?"

"아, 내가 좋아하는 노래야."

그러자 친구가 말했다.

"나 그 노래 알아. 매일 밤 듣고 있어."

"정말? 이 노래는 알려지지 않은 건데? 스나탐 카우르^{Snatum Kaur}라는 여자가 낸 앨범에 있는 노래야."

"그래, 맞아!" 마리아가 말했다. "스나탐 카우르! 매일 밤 잠들기 전에 그 사람 노래를 들어. 너는 그 사람 음악을 어떻게 알게 된 거야?"

"페기 때문에." 페기는 우리와 함께 그곳에 온 친구였다. "페기가 2년 전에 CD를 줬는데 그때부터 계속 듣고 있어. 명상하기 전에 항상 틀어 놔."

우리 두 사람은 비명을 지르며 웃어댔다. "와! 말도 안 돼! 너무 신기해!"

"사실은, 그 사람을 이번에 초대해서 노래를 들을까 생각도 했어." 내가 가까스로 숨을 고르며 말했다. "결국 귀찮아서 그만두고 말았지만. 마리아 네가 그 사람을 좋아하는 줄 알았더라면 좀더 적극적으로 알아봤을 텐데."

그날 밤 나는 침대에 누워 생각에 잠겼다. '정말 웃긴 일이야. 친구를 위해서라면 수고를 마다하지 않을 작정이면서 정작 자신을 위해서는 애쓰지 않다니. 남들한테 이렇게 살아라 저렇게 살아라 충고만 하지 말고, 나 자신을 좀더 소중하게 여겨야겠어.' 스나탐 카우르를 초대했으면 좋았을 거라고 생각하며 나는 잠이 들었다.

다음 날은 내 생일이었고, 우리는 하와이 원주민 승려를 모시고 '대지의 축복' 의식을 거행했다. 저녁 무렵 황혼녘의 칵테일을 즐기기 위해 현관의 지붕 아래에 모였다. 그때 내 친구 엘리자베스가 자리에서 일어났다. 나는 그녀가 시를 읊든가 뭔가 한마디 축사라도 하려나 하고 짐작했다. 하지만 아니었다. 친구는 "오프라, 네가 원했기 때문에 이 일이 일어난 거야"라고 말하더니 작은 종을 울렸다. 갑자기 음악이 연주되기 시작했다.

스피커가 망가졌는지 소리가 잘 들리지 않았다. 무슨 일인지

의아해 하고 있을 때, 누군가 우리 앞에 모습을 드러냈다. 다름 아닌, 하얀 터번을 쓴 스나탐 카우르였다. 그녀의 전속 밴드까지 함께였다. "대체 어떻게 된 거야?" 나는 소리를 질렀다. 그리고 울음을 터뜨렸다. 내 옆에 앉아 있던 마리아의 눈가에도 눈물이 고였다. 친구는 내 손을 잡고 고개를 주억거렸다. "네가 너 자신을 위해서는 하지 않으려고 하니까 우리가 너를 위해 한 거야."

전날 밤 내가 자러 간 후, 친구들은 여기저기에 전화를 걸어 스나탐 카우르가 지금 어디에 있는지, 열두 시간 안에 마우이로 올 수 있는지 알아보았다고 했다. 인생의 축복인지 신의 계획인지는 모르겠지만, 마침 그녀는 우리가 있는 곳에서 30분 떨어진 동네에 와서 콘서트를 준비하던 중이었다. 그리고 초대해준다면 '영광'이겠다고 했다는 것이다.

그날의 경험은 내가 살면서 겪은 가장 멋지게 놀라운 일 중 하나였다. 그 경험 안에 켜켜이 쌓인 여러 겹의 의미를 나는 여전히 해독하려 애쓰고 있다. 나는 그 순간을 영원토록 소중히 음미할 것이다. 그런 일이 일어났다는 사실뿐 아니라 그 일이 일어난 방식, 그리고 그날이 마침 내 생일이었다는 것까지도. 모든 것이 너무나 맛있지 않은가!

친구와 어울리며 옆구리가 결리도록 웃은 적이 언제쯤인가? 보모에게 아이들을 맡기고 주말 내내 놀러간 적은? 아니, 말을 돌리지 말자. 만약 내일 당신의 인생이 끝난다면, 당신은 해보지 않은 일 중 무엇을 후회하겠는가? 오늘이 당신 인생의 마지막 날이라 해도 지금과 똑같은 하루를 보내겠는가?

언젠가 광고판 근처를 지나다가 인상적인 문구를 본 적이 있다. "장난감을 가장 많이 가진 채 죽은 사람도 단지 죽은 사람일 뿐이다." 죽음의 순간에 다가가본 경험이 있는 사람이라면 잘 알 것이다. 삶의 마지막 순간에 내가 야근을 얼마나 자주 했는지, 내가 투자한 펀드의 가치가 얼마나 되는지를 떠올릴 가능성은 별로 없다는 것을 말이다. 대신 "만약 내가 그렇게 했더라면" 같은 가정의 질문이 머릿속에 떠오를 것이다. 예를 들면 "만약 내가 항상 하고 싶어 했던 일을 하고 살았더라면 나는 지금 어떤 사람이 되었을까?" 같은 질문 말이다.

자신이 언젠가는 죽는다는 사실에 고개를 돌리지도, 놀라 움찔하지도 않고 그 사실을 당당히 마주할 수 있다면 그것은 축복이다. 언젠가는 죽을 것이기에 지금은 살아야만 한다는 것을 깨닫게 해주는 선물이다. 진창에서 허덕일 것인가 꽃처럼 활짝 피어날 것인가는 언제나 당신 손에 달려 있다. 당신의 삶에 가장 큰 영향을 끼치는 단 하나의 존재는 바로 당신 자신이기 때문이다.

자리에서 일어나 밖으로 나가, 온전하게 살겠다는 선택을 하자. 그렇게 당신의 여행은 시작된다.

훌륭한 식사만큼 이 세상에서 내가 사랑하는 게 또 있을까? 로마에 갔을 때 나는 내 인생에서 가장 맛있었던 식사 중 하나로 꼽을 수 있는 경험을 했다. 우리 테이블 외에는 모두 이탈리아 사람들이었던 작고 멋진 레스토랑에서였다. 그곳에서 나는 나의 친구 레지와 안드레, 게일과 그녀의 딸 커비와 함께 로마식으로 밥을 먹었다.

우리를 초대한 이탈리아 사람 안젤로가 신호를 주자 웨이터들이 수많은 전채요리를 가지고 왔다. 너무나 맛있어서 정말로 심장이 몸 밖으로 튀어나올 것처럼 뛰었다. 프로슈토 햄으로 속을 채운 애호박 요리와, 보글대는 거품이 보일 정도로 따뜻하게 녹아 부푼 모차렐라 치즈를 잘 익은 토마토 사이로 겹겹이 끼워 넣은 요리가 식탁 위에 놓였다. 거기에 85년산産 사시카이아 포도주 한 병까지 곁들여져 나왔다. 반 시간 동안 공기가 통하도록 놓아둔 토스카나산 적포도주가 입에 와 닿는 느낌은 벨벳처럼 부드럽고 풍성했다. 절로 감탄이 터져 나오는 보물 같은 순간이었다!

완벽하게 조리된 '파스타 에 파지올리(파스타와 콩을 넣어 만드는 이탈리아 전통요리 — 옮긴이)'와, 작은 티라미수 케이크 한쪽이 마무리로 나왔다는 걸 언급했던가? 그렇다, 정말로 자랑하고 싶을 정도로 훌륭한 식사였다. 다음 날 콜로세움 주위를 90분 동안이나 뛰는 대가를 치러야 했지만 한 입 한 입이 모두 만족스러운 식사였다.

내게는 철저하게 고수하는 믿음이 많이 있는데, 그중 하나가 '잘 먹는 것이 중요하다'는 믿음이다. 먹는 이에게 진정한 기쁨을 주는 음식은 단지 배를 채우기 위해 이것저것 먹는 음식보다 모든 면에서 더 낫다. 단지 허기를 해결하기 위해 먹게 되면 우리는 식사를 끝내고 나서도 왠지 모르게 주방 안을 서성대며 찬장에서 냉장고로 돌아다니게 된다. 그럴 때 느끼는 기분을 나는 '감질나는 찜찜한 느낌'이라고 부르는데, 뭔가를 원하지만 그게 무엇인지는 잘 모르겠는 그런 기분이다. 만약 진정으로 원하는 것이 초콜릿이라면, 세상에 있는 당근과 셀러리와 껍질 벗긴 닭고기를 모조리 동원한다 해도 혀에서 살살 녹는 초콜릿 한 조각만큼의 만족을 주지 못한다.

그래서 나는 "내일은 내일의 태양이 뜰 거야"라고 말한 스칼렛 오하라처럼 좋은 것은 나중에 또 얻을 수 있다는 사실을 마음에 새기며, 초콜릿 한 조각 — 아니, 두 조각까지는 괜찮다 — 만으로 만족하고 그것을 한껏 음미하는 법을 배웠다. 원하는 음식이 단지 눈앞에 있다고 해서 한꺼번에 먹어치울 필요는 없는 것이다. 예전의 나라면 정말 상상도 못했을 일이다.

내가 밥 그린을 처음으로 만난 것은 20년도 더 전의 일이다. 콜로라도 주 텔루라이드에서 그를 만났을 때, 내 체중은 107킬로그램으로 과체중의 정점을 찍은 상태였다. 나는 벼랑 끝에, 그리고 희망의 끝에 서 있었고 내 몸과 식습관이 너무 부끄러워서 음식과 제대로 눈을 맞출 수 없었다. 나는 필사적으로 효과적인 해결책을 찾았다.

밥은 내 운동능력을 시험해보더니 가공식품이 아닌 건강에 이로운 신선한 먹거리의 섭취를 기본으로 하는 생활습관을 기르라고 충고했다.

나는 저항했다. 하지만 이런저런 다이어트 방법이 유행했다가 사라지는 와중에도 그의 조언은 변하지 않았다. '몸에 도움이 되는 음식을 섭취하라'는 그의 말은 현명했다.

두어 해 전, 나는 마침내 큰 깨달음을 얻고 내가 먹을 채소를 직접 키우기 시작했다. 산타 바버라 저택의 뒤뜰에 양상추 몇 줄과 약간의 토마토, 그리고 내가 가장 좋아하는 허브 바질을 심는 것으로 시작된 일은 점점 규모가 커져서 마침내는 마우이에 진짜 농장이 생겼다. 더불어 텃밭에 대한 나의 관심은 열정으로 변했다.

우리가 키운 보라색 라디치오나 내 무릎 높이로 올라오는 쌈 케일, 거대한 크기 탓에 내가 원숭이 볼기짝이라 부르는 빨간 무 등을 볼 때마다 나는 스스로 우스울 정도로 행복해지곤 한 다. 그 광경이 먼 길을 돌아 내가 원래의 자리로 돌아왔음을 상 징적으로 보여주기 때문이다.

내가 태어난 시골 미시시피에서 채소를 키울 수 있는 마당은 생존을 뜻했다. 그리고 내가 자란 내슈빌에서 아버지는 콜라드 와 토마토, 크로더 완두와 강낭콩을 키우기 위해 항상 집 옆의 공터를 치우곤 했다.

그때 먹던 채소들은 지금 내가 가장 좋아하는 것들이다. 옥 수수빵만 더한다면, 나는 『오즈의 마법사』의 주인공 도로시처 럼 발뒤꿈치를 딱딱 맞부딪쳐 그곳으로 돌아갈 것이다. 하지만 어릴 적에는 직접 재배한 먹거리의 가치를 몰랐다. 그래서 "우 리도 다른 집처럼 가게에서 사 먹으면 안 돼?"라며 불평하곤 했다. 나는 내가 먹는 채소가 '즐거운 그린 자이언트 골짜기(미 국 가공식품 브랜드 그린 자이언트의 광고 표어 — 옮긴이)'에서 온 것 이기를 바랐고, 가난한 사람들이나 마당에서 키운 것을 먹는다고 생각했다.

하지만 이제는 신선한 먹거리를 구할 수 있었던 것이 크나큰 축복이었음을 확실하게 안다. 오늘날의 가족들은 쉽사리 접근할 수 없는 귀한 환경이었다.

채소와 저 모두를 키워주신 것에 감사해요, 주님.

나는 내 꿈을 펼치고 더 나아가 그 꿈을 확장할 수 있는 인생을 원했고, 그런 인생을 수확할 씨를 뿌리기 위해 열심히 일해왔다. 모든 사람이 농장에서 수확해 바로 집 안 식탁으로 가져오는 신선한 먹거리를 먹게 되는 날도 내 꿈에 포함되어 있다. 더 나은 음식은 더 나은 삶의 기반이다. 그래요, 밥. 여기 써놓을게요. 당신 말은 항상 다 옳았어요!

게일 킹과 나는 1976년에 처음 만났다. 나는 볼티모어 방송국의 뉴스 앵커였고, 게일은 제작 보조였다. 우리는 둘 다 외부와별 교류가 없는 데다 다른 인종에게 절대 호의적이지 않은 환경 출신이었다. 우리가 처음 만난 날, 게일은 앵커우먼의 자리로 올라간 내가 정말 자랑스럽고 나와 같은 팀에 속하게 되어너무나 흥분된다고 말했다. 그날 이후로도 게일은 언제나 한결같았다.

우리가 바로 친해진 것은 아니었다. 우리는 그저 각자의 길을 존중하고 서로 도와주고자 하는 두 명의 여성일 따름이었다. 그러던 어느 날 밤, 심한 눈보라가 몰아쳐서 게일은 집에 갈수 없게 되었고, 나는 내 집으로 같이 가자고 제안했다. 그때게일이 가장 걱정한 것이 과연 무엇이었을까? 다른 것도 아닌, 속옷이었다. 속옷! 그녀는 눈보라를 뚫고 60~70킬로미터를운전해서 어머니와 함께 사는 메릴랜드 주 체비체이스로 가겠다고 굳게 마음먹은 상태였다. 무슨 일이 있어도 깨끗한 속옷을 입어야 한다나. "깨끗한 속옷은 우리 집에도 많아요." 내가 말했다. "내 걸 입어도 되고 그게 싫으면 사러 가면 돼요."

마침내 나는 그녀를 설득할 수 있었고 우리 둘은 내 집에서 밤새 이야기를 나눴다. 해외에서 보낸 두어 번의 휴가철을 제외한다면 그날 이후 게일과 나는 매일 이야기를 나눴다.

우리는 많이도 웃었다. 웃음의 대상은 대체로 우리 자신이었다. 나는 회사에서 좌천당했고 해고를 당할 뻔했다. 성희롱을 당하기도 했으며 뒤틀리고 엉망진창인 관계에 매달려 발 깔개보다도 못한 취급을 받으면서 이십대를 보냈다. 그 과정 속에서 게일은 내내 나를 도와주었다. 나는 밤이면 밤마다 가장 최근에 바람맞은 일이나, 졸지에 내가 거짓말한 사람이 되어버렸던 일, 혹은 억울한 일을 당했던 사연을 그녀에게 하소연하였다. 그러면 게일은 언제나 자세히 말해보라고 재촉하며 (우리는 내 이야기를 '부, 장, 절'로 나누어 분석했다) 마치 자기가 직접 당한 일인 양 흥분했다. 그녀는 결코 나를 '판단'하지 않았다. 그러나 남자들이 나를 이용하도록 내버려두면 종종 이렇게 말하곤 했다. "그 남자는 네 영혼을 조금씩 갉아먹고 있을 뿐이야. 그가 아주 깊이 너를 갉아먹어서 네가 정말로 어떤 사람인지 깨닫게 되는 날이 오길 바란다. 넌 정말 행복할 권리가 있는 사람이란 말이야."

내가 성공을 거둘 때마다, 내게 근사하고 대단한 일이 생길 때마다 한 번도 빠짐 없이 게일은 나를 가장 크게 응원해주는 치어리더 역할을 했다.(물론 응원만 하는 건 아니다. 내가 아무리 돈을 많이 벌어도 게일은 늘 내가 너무 돈을 헤프게 쓰는 것 같다며 걱정한다. "M. C. 해머를 잊지 마"라고 말하며 내가 곧 파산한 래퍼의 전철을 밟게 될 것처럼 호들갑스럽게 나를 꾸짖곤 한다.) 우리가 함께한 그 오랜 세월 동안 나는 단 1초도 그녀가 나를 질투하는 걸 느껴본 적이 없다. 게일은 자기 인생을 사랑하고, 자기 가족을 사랑하며, 할인판매 기간에 쇼핑하는 것을 사랑한다.(할인하는 세탁세제를 사겠다고 옆 동네까지 갈 정도다.)

딱 한 번 게일이 내가 정말 부러웠다고 실토한 적이 있었는데, 바로 내가 티나 터너와 함께 무대 위에서 노래를 부른 밤이었다. 교회에서 찬송가도 제대로 부르지 못하면서 가수가 되겠다는 환상을 품는 사람이 내 친구 게일이다.

게일은 내가 알고 있는 사람들 중에서 가장 좋은 사람이다. 그녀는 모든 사람의 이야기에 진심으로 관심을 가진다. 생판 모르는 뉴욕 시의 택시 운전사에게도 아이들이 있느냐고 물을 사람이 게일이다. 아마 "애들 이름이 뭐예요?"라고 친근하게 물어볼지 모른다. 내가 우울해 하면 그녀는 나와 아픔을 함께 나눈다. 반대로 내게 좋은 일이 있으면 내 뒤 어딘가에 서서 누구보다도 크게 응원의 함성을 지르고 누구보다도 환하게 미소를 지을 거라는 걸 확신할 수 있다.

때때로 나는 게일이 나의 '착한 자아'가 아닐까 생각해본다. "무슨 일이 있어도 나는 네 편이야"라고 말해주는 그런 존재 말이다. 확실한 것은, 게일은 내가 진정으로 기댈 수 있는 친구라는 사실이다. 그녀 덕에 나는 진정한 벗을 가지는 기쁨과 진정한 벗이 되는 기쁨을 모두 알게 되었다.

한꺼번에 강아지 세 마리를 들이는 것은 그리 현명한 결정이 아니었다. 녀석들의 작고 귀여운 얼굴에 홀리고 강아지의 달콤한 숨결과 세 번째 강아지 레일라의 주걱턱에 반해서 충동적으로 저지른 일이었다.

그 후 몇 주 동안이나 나는 시도 때도 없이 잠에서 깨어 강아지들을 돌봐야 했다. 녀석들이 싸놓은 똥 더미를 치웠고, 좋은 버릇을 들이기 위해 훈련을 시키는 데 시간을 썼다.

생각보다 꽤 힘든 일이었다. 세 녀석이 동시에 내 물건들을 모조리 부숴버리는 것을 막느라 항상 지쳐 있었고, 잠도 부족했다. 강아지도 이렇게 힘든데 아기를 키우는 건 어떻겠는가! 나는 어머니란 존재에 대해 새삼 커다란 존경심을 품게 되었다.

계속 애틋한 마음으로 강아지들을 돌볼 수 있을지 자신이 없어진 나는 할 수 없이 관점의 변화를 꾀해야 했다.

세 녀석을 이끌고 산책하러 나간 어느 날, 나는 멈춰 서서 녀석들이 뒤엉켜 노는 모습을 바라보았다. 강아지 세 마리가 말 그대로 뒤엉켜 놀고 있었다. 데굴데굴 구르고, 다른 강아지 위에서 굴러떨어져서 넘어지기도 하고, 서로를 뒤쫓아 다니며 웃고(농담 아니다. 개들도 웃는다), 토끼처럼 위로 펄쩍 뛰어오르기도 했다. 녀석들이 너무나 재미나게 노는 모습에 내 몸 전체가 숨을 내쉬며 비로소 긴장을 풀었고 나는 미소를 지었다. 풀밭을 처음으로 발견하며 시작된 새로운 삶! 얼마나 경이로운가.

우리는 매일 경이로움을 느낄 기회가 있는데도 그것을 마다하고 감정의 마비상태로 아무것도 느끼지 못한 채 살아가고 있다. 퇴근하고 차를 몰아 집에 도착해 문을 연 후 내가 여기까지 어떻게 왔더라, 하고 자문한 경험이 누구나 있으리라.

내가 확실히 아는 것이 있다면, 나는 결코 보고 느끼는 것에 둔감해져서 문을 닫아거는, 그런 삶은 살고 싶지 않다는 것이다. 나는 하루하루가 가능성의 범위를 확장하는 새로운 시작이 되기를 원한다. 모든 단계에서 기쁨을 맛보는, 그러한 시작이 되길 원한다.

나는 벽난로에 장작불을 지피는 것을 아주 좋아한다. 장작을 피라미드 모양으로 정교하게 겹쳐 쌓고 점화 장작 없이 불꽃을 피워올리면 뭔가 대단한 일을 해낸 것 같다. 이유는 모르겠지만, 상당히 뿌듯한 기분이 든다. 어린 시절 걸 스카우트가 되고 싶었지만, 유니폼을 살 돈이 없어서 포기해야 했던 기억 때문일까.

장작불은 밖에 비가 퍼붓고 있을 때는 더 좋다. 내가 일을 끝내고 이메일을 확인한 후, 컴퓨터를 끄고 책을 읽을 준비가 되면 정말로 최고가 된다.

내가 종일 열심히 일하는 것은 책 읽을 시간을 내기 위해서다. 훌륭한 소설이나 자서전, 차 한 잔, 몸을 푹 파묻혀 앉을 수 있는 아늑한 공간만 있으면 천국이 따로 없다. 나는 다른 사람의 생각 속에 사는 것이 정말로 좋다. 종이 위에서 살아나는 사람들과 만나서 느끼는 유대감은 나를 전율케 한다. 그들의 상황이 나와 크게 다르다 한들 대수랴. 나는 마치 내가 그들을 정말 잘 알고 있는 것처럼 느낄 뿐 아니라 그들을 통해 나 자신을 더 잘 파악하게 된다. 통찰력과 유용한 정보, 지식과 영감과 힘. 좋은 책은 이 모든 것을 우리에게 선사하고 덤도 얹어준다.

독서라는 훌륭한 도구가 없었다면 내가 지금 어디에 있을지, 어떤 사람이 되었을지 상상조차 할 수 없다. 아마도 열여섯 살에 라디오 방송국에 스카우트되는 일은 절대 없었으리라.

어느 날, 내슈빌의 WVOL 라디오 방송국을 견학하던 내게 디제이가 물었다. "네 목소리가 어떻게 들리는지 한번 테이프에 녹음해볼래?" 그러고서 그는 내게 뉴스 대본과 마이크를 건넸다. 잠시 후 녹음되어 나오는 내 목소리를 듣고 그는 상사에게 외쳤다. "이 애 목소리는 꼭 들어봐야 해요!" 얼마 지나지 않아 나는 방송국에 고용되었고 방송에서 뉴스 대본을 읽게 되었다. 그렇게 나는 내가 사랑하는 일 — 큰 소리로 글을 읽는 일 — 을 하며 돈을 벌게 되었다. 여러 해 동안 아무나 붙들고 시를 낭송해대고 손에 들어오는 것은 모조리 읽어댄 끝에 일어난 일이었다.

한때 책은 내게 일종의 탈출구 역할을 했다. 지금의 내게 좋은 책을 읽는다는 것은 성스러운 즐거움이며, 내가 원하는 곳이라면 그 어디라도 갈 기회와 다름없다. 독서는 내가 제일 좋아하는 시간 사용법이다. 독서가 우리의 존재를 열어준다는 것을 나는 확실히 안다. 독서는 우리가 자신을 드러내며, 우리의 정신이 흡수할 수 있는 모든 것에 접근할 방법을 선사한다.

무엇보다 내가 독서를 가장 사랑하는 이유는, 책 읽기를 통해 더 높은 곳으로 향할 수 있는 능력을 얻을 수 있기 때문이다. 독서는 우리가 계속 위로 올라갈 수 있는 디딤돌이 되어 준다.

내 삶의 가장 중요하고 본질적인 목표는 영적인 세계에 계속 머무는 것이다. 그러면 다른 문제는 모두 알아서 해결된다. 이 점에 대해 나는 확신한다.

나는 영적인 삶을 살아가기 위해 늘 현재의 순간에 머무르려고 노력한다. 미래를 앞서 생각하거나 과거의 실수를 떠올리며 후회하는 대신, '지금 이 순간'의 진정한 힘을 느끼려고 애쓴다. 감히 말하건대, 그것이 바로 기쁨에 찬 삶의 비밀이다.

모든 사람들이 이 세상에 갓 태어난 아이들이 살아가는 방식(우리처럼 영혼이 굳어버린 이들이 '순수'라고 부르는 바로 그것)을 기억하고 그처럼 살아간다면 세상은 아마 지금과는 다른 모습일 것이다. 재미있게 놀고 깔깔대고 웃으며 기쁨을 맛보면서 산다면 말이다.

내가 여덟 살 꼬마였을 때부터 가장 좋아하는 성경 구절 시편 37편 4절에는 이런 말이 적혀 있다. "주 안에서 기뻐하라. 그리하면 그분이 네 마음의 소망을 이루어주시니." 나는 여러 경험을 거치면서 이 말을 항상 주문처럼 외며 살아왔다. 주 안에서 — 선량함, 친절함, 연민, 사랑 안에서 — 기뻐해보자. 그리고 어떤 일이 일어나는지 기다려보자.

그러지 않을 이유가 있는가?

2장

회생력

Resilience

"헛간이 불에 타 무너지니
이제야 달이 보이는구나."
– 미주타 마사히데(17세기 일본 시인)

우리가 누구이건 어디서 왔건, 우리는 모두 자신만의 길을 떠난다.

나의 여행은 1953년 4월의 어느 날, 미시시피 주의 어느 시골구석에서 버논 윈프리와 버니타 리에 의해 잉태되면서 시작되었다. 부부가 아닌 두 사람이 벌인, 로맨스와는 거리가 먼 단한 번의 동침은 뜻하지 않은 임신을 불러왔고, 나의 어머니는 내가 태어나던 그날까지 임신 사실을 숨겼다고 한다. 베이비샤워(출산일을 앞둔 임산부에게 친지들이 베풀어주는 파티 — 옮긴이) 따위는 없었다. 출산을 앞두고 경이에 차서 부푼 배를 쓰다듬는 임산부들의 얼굴에서 번져나오는 기대나 기쁨의 감정은 나의 출생에는 없었다. 오로지 후회와 숨기고자 하는 마음, 부끄러운 감정의 낙인이 있을 뿐이었다.

심리치료사이자 '내면 아이' 개념의 선구자인 존 브래드쇼

John Bradshaw가 1991년에 오프라 쇼에 출연했을 때, 나와 청중은 그가 행한 심오한 실험의 대상이 되었다. 그는 우리에게 눈을 감고 우리가 자란 가정으로 돌아가서 머릿속으로 그 집을 그려보라고 했다. "가까이 다가가세요." 그가 말했다. "창문 안을 들여다보세요. 집 안에 있는 나를 찾아보세요. 뭐가 보이나요? 그리고 무엇보다, 지금 어떤 감정을 느끼나요?"

그날의 경험은 나에게 너무나도 슬프면서도 강렬한 감정을 불러일으켰다. 나는 내 성장 과정의 거의 모든 단계에서 외로움을 느꼈다는 걸 깨달았다. 혼자였다는 뜻은 아니다. 내 주위에는 언제나 누군가가 있었다. 하지만 나는 내 영혼의 생존이 오로지 나 자신에게 달려 있음을 알았다. 나 자신을 스스로 지켜내야 한다고 느꼈다.

어린 시절, 나는 예배를 마친 후 할머니 댁에 손님이 찾아오는 것을 좋아했다. 손님이 떠나면 치매기가 있는 할아버지와 남편을 돌보는 데 지쳐서 종종 짜증을 내는 할머니와 달랑 남게 되는 것이 두렵고 싫었다. 인근에 어린아이라고는 나뿐이어서 나는 혼자 노는 법을 배워야 했다. 그래서 홀로 지내는 여러 가지 방법을 궁리해냈다. 나는 책을 읽고 집에서 만든 인형을 가지고 놀거나 집안일을 했다. 가끔은 농장에서 기르는 가축들에게 이름을 붙이고 말을 걸기도 했다. 홀로 지낸 그 긴 시간은 성인으로서의 내 모습을 형성하는 데 당연히 큰 영향을 끼쳤다.

그날 존 브래드쇼의 창문을 통해 내 삶을 되돌아보며 나는 슬펐다. 나와 가장 가까운 사람들이 내가 얼마나 깜찍한 성격의 꼬마 숙녀인지 깨닫지 못하는 것처럼 보였기 때문이다. 하지만 지금은 내가 강해졌다는 느낌도 받았다.

어쩌면 당신도 나와 같을지 모르겠다. 당신도 나처럼 자신을 가치 없는 존재라고 여기게끔 하는 경험을 가지고 있을지도 모르겠다. 하지만 나는 과거의 상처를 치유하는 것이 삶에 존재하는 가장 거대하고 가치 있는 도전 중의 하나라는 것을 확실히 안다. 그러기 위해서는 지금의 내 모습을 가지게 한 씨앗이 언제, 어떻게 뿌려졌는지 아는 것이 중요하다. 그래야 그 씨앗을 바꿔 심을 수 있기 때문이다. 그리고 그것은 당연히 다른 누구도 아닌 나 자신의 책임이다. 우리가 사는 이 우주에는 반박할 수 없는 법칙이 하나 있다. 우리는 각각 자신의 삶에 책임이 있다는 것이다.

나의 행복이나 불행이 다른 사람의 책임이라고 생각하는 것은 시간 낭비다. 우리는 반드시 용기를 내어 타인에게서 받지 못한 사랑을 자신에게 주어야 한다.

내 성장을 위한 새로운 기회가 매일 어떻게 찾아오는지 눈여겨보는 것부터 시작해보자. 어머니와 싸우다가 매듭짓지 못하고 묻어둔 의견 차이가 배우자와의 언쟁에서 어떻게 튀어나오는지, 나는 쓸모없는 사람이라고 생각하는 무의식적인 감정이 내가 하는 (그리고 내가 하지 않는) 모든 일에 어떻게 모습을 드러내는지 살펴보자. 그러한 경험을 통해 삶은 우리에게 과거에서 벗어나 온전한 한 인간이 되라고 촉구한다. 주의를 기울여보자. 나의 선택 하나하나가 나만의 길을 닦을 기회를 준다. 끊임없이 움직이자. 한껏 속도를 내자.

우리가 마주하는 모든 고난은 우리를 아프게 쳐서 무릎을 꿇게 하는 힘이 있다. 하지만 충격 그 자체보다 우리를 더 좌절하게 하는 것은 고난을 견뎌내지 못하리라는 두려움이다. 발밑에서 땅이 흔들리면 우리는 어쩔 줄 몰라 쩔쩔맨다. 우리가 알고 있는 모든 것을 잊어버리고 두려움에 묶여 꼼짝달싹 못 하게 된다. 무슨 일이 일어날 수도 있다는 생각만으로도 우리는 균형을 잃는다.

지진이 나도 버티기 위해서는 내가 서 있는 위치를 바꾸는 수밖에 없다는 것을 나는 확실히 안다. 삶에서 매일 일어나는 진동을 피할 수는 없다. 살아 있으면 누구나 겪을 수밖에 없는 일이기 때문이다.

나는 그러한 경험이 일종의 선물이라 믿는다. 그로 인해 우리는 중력의 새로운 중심점을 찾아 여기저기 발을 디뎌보게 되기 때문이다. 그러니 주위가 흔들릴 때 뻣뻣하게 버티며 저항하는 대신, 그러한 경험을 우리의 위치를 바꿀 기회로 여기고 받아들이자.

균형은 현재의 순간에만 존재한다. 대지의 흔들림을 느낄 때, 자신을 지금 이 순간으로 이끌어오자. 마음만 굳게 먹으면 다음 순간 닥치는 진동을 당신은 잘 이겨낼 것이다. 지금 이 순간, 당신은 여전히 숨 쉬고 있다. 지금 이 순간, 당신은 살아남았다. 지금 이 순간, 당신은 더 높은 곳으로 이어지는 길을 발견하고 있다.

내게는 오랫동안 거의 혼자만의 비밀로 숨겨둔 과거가 있었다. 나에 대해서라면 모르는 것이 없는 친구 게일에게도 사귄 지 여러 해가 지나서야 비밀을 고백할 수 있었다. 연인인 스테드먼에게도 마찬가지였다. 비밀을 나눠도 될 만큼 안전한 사이라는 확신이 들 때까지 나는 아무에게도 그 이야기를 하지 않았다.

나는 열 살부터 열네 살 때까지 성적 학대를 당했고, 그로 인해 성적으로 문란해져서 열네 살에 임신까지 했다는 사실이다. 당시에 나는 너무 수치스러워서 의사가 내 볼록한 배와 부은 발목을 알아챌 때까지 임신 사실을 숨겼다. 1968년에 나는 아이를 낳았고, 그 아이는 몇 주 후 병원에서 숨을 거뒀다.

그 후 나는 학교로 돌아왔고 누구에게도 그 일을 말하지 않았다. 사실이 알려지면 퇴학을 당할까봐 두려웠다. 나는 혼자만의 비밀을 품은 채 미래로 향했고, 누군가가 알게 되면 그들이 자신들의 삶에서 나를 쫓아낼 거란 생각에 항상 겁이 났다. 결국 나는 용기내어 학대받은 과거를 공개했지만, 그때조차도 여전히 수치심에 젖어 있었고 임신 사실만은 끝까지 숨겼다.

그런데 가족 중 한 명(지금은 사망했다)이 타블로이드지에 내 비밀을 폭로했고 그 뒤로 모든 것이 변했다. 나는 큰 충격을 받았다. 상처받았고 배신감을 느꼈다. '그 사람이 어떻게 내게 이런 짓을 할 수 있을까?' 나는 울고 또 울었다. 뉴스가 터진 일요일 오후, 커튼을 쳐놓아 어두운 내 침실로 스테드먼이 들어왔다. 그의 얼굴은 눈물에 젖은 듯 보였다. 그는 내 앞에 서서 말했다. "정말 너무들 하는군. 당신이 뭘 잘못했기에 이런 일을 당해야 하는 거지?"

월요일 아침이 왔고, 나는 누군가에게 흠씬 얻어맞은 것 같은 기분으로 가까스로 침대에서 기어 나와 출근길에 나섰다. 무서웠다. 거리에서 마주치는 모든 사람이 내게 손가락질을 하며 "열네 살에 애를 배다니, 세상에! 너는 이제 끝장이야!"라고 당장에라도 고함을 칠 것 같았다. 하지만 아무도 뭐라 하지 않았다. 내가 모르는 사람들도, 내가 아는 사람들도, 그 어느 누구도, 아무도. 너무나 놀라웠다. 전과 다르게 나를 대하는 사람은 아무도 없었다. 수십 년 동안 머릿속으로 상상해왔던 그런 일은 일어나지 않았다.

그 후로도 나는 또 한 번 배신을 당했다. 역시나 배를 걷어차인 것처럼 고통스러웠지만 나는 더는 울거나 침대에 처박히지 않았다. "너를 치려는 어떤 무기도 소용없으리라"는 이사야서 54장 17절의 구절을 나는 절대로 잊지 않는다. 어떤 힘든 순간에도 밝은 면은 있는 법. 비밀이 폭로되면서 나를 묶고 있던 속박도 풀렸음을 깨달았다. 그 일이 일어난 후에야, 비로소 나는 어린 소녀의 영혼에 난 상처의 치료를 시작할 수 있었다. 그 오랜 세월 동안 나는 스스로를 질책하고 있었던 것이다. 나는 수치심을 품고 사는 것은 그 무엇보다도 무거운 짐이라는 것을 확실하게 배웠다. 우리가 수치심을 극복하고 자신이 어떤 사람이며, 어떤 가치를 추구하는 사람인지 알게 될 때 우리는 비로소 지혜 안에 머물게 된다.

힘든 순간을 맞을 때마다 나는 스스로 묻는다. 실수를 하거나 거절을 당하거나 어리석게 보이거나 혼자가 되는 것이 두렵지 않다면 나는 어떻게 할까?

두려움을 제거하면 이제껏 내가 찾고 있던 해답이 또렷이 보인다는 것을 나는 확실히 알고 있다. 당신이 두려워하는 것에 다가갈 때 이 점을 명심하자. 만약 무엇이든 해보고자 마음을 열면, 당신이 치르는 가장 고된 투쟁은 당신의 가장 훌륭한 강점으로 이어질 것이다.

옛날 사진을 보며 바로 과거의 그 시절로 돌아간 적이 있는가? 그때 입고 있던 옷까지 생생하게 느낄 수 있을 정도로 말이다.

내게는 정확히 그런 느낌을 불러일으키는 사진이 한 장 있다. 사진 속의 나는 스물한 살이고, 40달러를 주고 산 치마를 입고 있다. 그때까지 나는 옷 하나를 사는 데 그 정도의 금액을 써 본 적이 없었지만, 처음으로 저명한 인사를 인터뷰하게 되어서 기꺼이 돈을 투자했다. 흑인 인권 운동가 제시 잭슨Jesse Jackson 목사가 지역 고등학교를 방문하여 "마약은 내려놓고, 꿈은 높이 키우자!"라는 주제로 학생들에게 연설할 예정이었고, 내가 그 행사를 취재하게 된 것이다. 방송국에서 시간을 할애할 만한 행사가 아니다,라는 것이 뉴스 국장의 의견이었지만, 내가 끈질 기게 주장하여(사실은 거의 애걸했다) 인터뷰를 성사시켰다. 나는 6시 뉴스에 보도될 가치가 있는 결과물을 가지고 돌아오 겠다고 약속했고, 그 약속을 지켰다.

나는 다른 사람들의 이야기를 전달하는 것에 늘 흥미를 느 꼈다. 그들의 경험에서 진실을 추출하여 다른 이들에게 유용한 정보가 되거나 영감을 불러일으키거나 도움이 될 수 있는 지혜로 증류해 내는 것을 좋아했다. 하지만 여전히 나는 제시 잭슨 목사에게 무슨 말을 해야 할지, 한다 해도 어떻게 해야 할지 잘 몰랐다.

만약 내가 지금 알고 있는 것을 그때도 알았더라면, 내 길을 의심하며 단 1분이라도 낭비하는 일은 결코 없었으리라.

내가 마음과 감정, 교감이 중요한 순간이나 많은 청중 앞에서 이야기할 때 뛰어난 능력을 발휘하는 사람임을 알았더라면 말이다. 그럴 때면 나와 상대방 사이에 무언가가 피어난다. 나는 그들을 느낄 수 있고, 그들이 나와 공명하는 것을 알 수 있다. 내가 어떤 일을 겪어왔고 어떤 감정을 느낀 적이 있다면 그들도 그와 비슷한 경험, 아니 아마도 더한 경험을 했을 거라는 걸 확실히 이해하기 때문이다. 대화를 나누는 모든 이들에게 내가 느끼는 깊은 교감은, 우리가 모두 같은 길을 걷고 있고 우리 모두가 같은 것을 원한다는 것을 자각하고 있는 데서 비롯한다. 우리는 모두 사랑, 기쁨, 인정받기를 원한다.

당신이 지금 어떤 역경을 마주하고 있더라도 이 점만은 꼭 기억하길 바란다. 삶이라는 캔버스는 매일 우리가 겪는 경험과 행동, 반응과 감정으로 채워지며, 그 붓을 움직이는 것은 우리 자신이라는 사실을 말이다. 내가 이것을 스물한 살에 알았더라면 많은 눈물과 자기 의심의 시간을 아낄 수 있었으리라. 우리가 모두 자신의 인생을 그리는 예술가이며, 원하는 만큼 다채로운 색깔로 한껏 붓질할 수 있다는 걸 알았더라면 그것은 내 삶의 크나큰 발견이 되었을 것이다.

나는 독립적이고 진실하며, 기꺼이 다른 이들을 도와왔고, 그 사실을 언제나 자랑스럽게 여겨왔다. 그러나 자부심과 자존심은 종이 한 장 차이다. 진실을 깨닫기 위해서는 우리가 진정한 자신이라고 으레 착각하는 자아의 상을 때때로 벗어나야 하며, 삶이 고될 때 우리가 할 수 있는 가장 최선의 일은 스스로에게 다음과 같은 짧은 질문을 던지는 것이라는 걸 나는 배웠다. '내가 이 일에서 배울 수 있는 게 무엇일까?'

1988년, 내가 오프라 쇼를 처음으로 소유하게 된 때가 기억난다. 나는 방송을 녹화할 스튜디오뿐 아니라 필요한 많은 프로듀서까지 손수 고용해야 했다. 내가 모르는 일이 백만 가지가 넘었다. 초기에는 숱한 실수를 저질렀다.(신부님을 모셔 스튜디오를 정화해야 할 정도의 큰 실수도 있었다.) 다행히도 당시에 나는 그리 잘 알려진 명사가 아니었다. 그래서 남의 눈에 띄지 않고 깨달음을 얻으며 성장할 수 있었다.

지금은 그때와는 다르다. 내가 누리는 성공의 대가로 나는 이제 대중 앞에서 인생의 교훈을 배워야 한다. 내가 비틀거리면 사람들도 그걸 안다. 그로 인한 압박감에 비명을 지르고 싶을 때도 있다. 하지만 내가 확실히 아는 것은, 나는 힘들다고 비명을 지르는 유형의 사람이 아니라는 것이다. 이제껏 살아오면서 내가 실제로 누군가에게 목소리를 높였던 경우는 한 손으로 꼽을 정도로 적다.

나는 무언가에 압도되어 어찌할 바를 모를 때면 조용한 장소를 찾는다. 그럴 때 화장실은 놀랍도록 효과적인 공간이 되어준다. 나는 변기 위에 앉아 눈을 감고, 내면으로 시선을 돌려 내 안에 존재하는 고요하고 아늑한 공간, 당신 안에도, 나무 안에도, 아니 모든 것 안에 존재하는 그런 공간을 느낄 때까지 숨을 쉰다. 그 공간이 서서히 확장하여 내 안을 꽉 채울 때까지 숨을 쉰다. 그러면 비명을 지르는 것과는 정반대의 결과가 찾아온다. 세상 모든 일의 경이로움에 미소가 떠오르는 것이다.

생각해보면 참으로 놀랍지 않은가. 이 내가, 인종차별 정책을 펴던 미시시피 주에서 나고 자란 여자가, TV를 보기 위해서는 읍내까지 나가야 했던 내가(짐작하겠지만 우리 집에는 TV가 없었다) 지금 이 자리에 있다는 것이 얼마나 놀라운가.

당신이 인생이라는 여행의 어느 지점에 있든, 나는 당신이 계속 장애물과 마주치기를 바란다. 그것을 딛고 살아남을 수 있는 것, 한 발을 다른 한 발 앞에 계속 놓을 수 있는 것, 정상이 위에서 굳건히 버티고 있음을 마음에 새기며 인생의 산을 오를 수 있는 위치에 있다는 것은 축복이기 때문이다. 인생의 모든 경험이 소중한 가르침을 주기 때문이다.

우리를 주저앉게 만드는 순간이 있다. 살면서 누구나 겪게 마련인 그 순간은 반대로 우리에게 자리에서 일어나 자신의 중심에 서서 자신이 어떤 사람인지 깨달으라고 촉구한다. 결혼생활이 무너졌을 때, 나를 자리매김 해주던 직장을 잃었을 때, 또는 믿었던 사람이 내게서 등을 돌렸을 때, 그러한 상황을 개선하는 열쇠는 그것을 바라보는 방식을 바꾸는 것이다.

우리가 넘어야 하는 장애물들은 모두 나름의 의미를 품고 있음을 나는 확실히 안다. 장애물을 통해 배우겠다는 자세로 마음을 여는 것, 그것이 바로 성공하는 이와 뒤처지는 이의 차이다.

나이가 들면서 몸이 변하는 걸 느낀다. 이제는 아무리 노력해도 예전처럼 빨리 뛸 수가 없다. 하지만 속내를 고백하자면 나는 이젠 빨리 뛰고 싶지 않다.

모든 것은 변하기 마련이다. 가슴도, 무릎도, 태도도 변한다. 나는 지금 내가 가지고 있는 고요함의 감각에 놀란다. 예전이라면 흥분으로 숨이 가빠져 종이봉투에 머리를 박고 헉헉거릴 정도의 일에도 이제는 당황조차 하지 않는다. 오히려 평생의 배움만이 선사할 수 있는, 나에 대한 통찰의 비밀까지 알게 되니 고마울 따름이다.

방송 무대에 서서 세계 각국의 시청자들에게 이야기할 때마다 나는 이곳이야말로 내가 있어야 할 운명의 장소임을 깨달았다. 그래서 사람들에게도 그렇게 말해왔다. 무대는 진정 내게 달콤한 장소였다. 하지만 우주는 놀라움으로 가득 차 있는 법. 달콤한 장소가 하나에만 그치지 않는다는 것을 나는 배우고 있다. 주위에 눈과 귀를 열어놓으면, 우리는 인생의 여러 시점에서 우리가 부를 운명인 바로 그 노래를 삶의 완벽한 멜로디에 맞춰 부르게 된다. 우리가 이제까지 한 모든 일과 앞으로 행하게 될 모든 일이 함께 어우러지며 현재의 내 모습과 조화를 이루게 된다. 그때 우리는 나라는 존재의 가장 참된 발현을 누리게 된다.

나는 지금 그 단계로 향하고 있다고 느낀다. 당신도 그러기를 바란다.

성공을 좇는 과정에서 마주치는 어두운 그림자가 실은 우주가 내게 새로운 방향을 보여주기 위해서 준비한 거라는 사실을 완전히 이해하게 되면서, 나는 내가 배운 가장 위대한 교훈 중하나를 완벽하게 내 것으로 만들 수 있었다. 당신도 삶에서 마주치는 경험을 그런 식으로 바라본다면 하나하나가 기적이 되고 축복이 되며 기회가 된다. 만약 내가 1977년에 볼티모어의 6시 뉴스 앵커 자리에서 쫓겨나지 않았더라면 오프라 쇼를 시작할 기회는 제때 오지 않았을 것이다.

살아가면서 만나는 장애물을 가치판단 없이 그 자체로 바라볼 수 있다면, 당신은 소망의 장소로 당신을 인도해줄 길에 대해 결코 믿음을 잃지 않을 것이다. 그렇기에 나는 확실히 안다. 미래의 당신, 즉 당신이 되어야 할 그 운명적인 존재는 지금 당신이 있는 바로 이곳으로부터 진화한다. 당신이 배워야 했던 교훈과 당신이 저지른 실수, 당신이 맛보았던 좌절 모두를 미래를 향한 디딤돌로 여기고 감사하는 법을 배우자. 그럴 수 있다면 당신은 명백히 올바른 방향으로 향하고 있는 것이라고 나는 확실히 말할 수 있다.

어려운 일이 닥치면 나는 종종 도니 맥클러킨Donnie McClurkin이 지은 〈꿋꿋이 그 자리에Stand〉라는 복음성가를 듣는다.

할 수 있는 것은 다 했건만 결코 충분하게 느껴지지 않을 때, 무엇을 해야 하나? 내 모든 것을 다 주었건만 여전히 너무 힘들 때, 어떻게 해야 하나?

대답은 노래의 간결한 후렴구에 있다.

그저, 서 있으면 돼.

강인함은 바로 거기에서 비롯된다. 역경을 마주하고, 꿋꿋이 걸어 헤쳐 나갈 수 있는 우리의 능력에서 피어난다. 의연한 사람들이라고 해서 의심이나 두려움, 피로를 모르는 것은 아니다. 그들도 힘들어한다. 하지만 그런 순간이 와도 우리는 믿음을 가질 수 있다. 더는 버틸 수 없다고 느끼는 순간에도 힘을 내서 딱 한 발짝만 더 내딛는다면, 인간이 가지고 있는 그 놀라운 불굴의 정신을 일깨운다면 인생이 주는 가장 심오한 교훈을 배울 수 있으리라는 그러한 믿음 말이다.

내가 확실히 아는 것이 있다면, 고난과 역경과 저항 없이는, 그리고 종종 고통이 없이는, 강인함이란 존재하지 않는다. 두 손을 치켜들고 "제발!"이라고 외치게끔 만드는 문제들이야말로 우리의 근성과 용기, 자기단련과 결연한 자세를 길러주는 존재들이다.

나는 나보다 먼저 이 세상에 왔고, 상상도 못할 어려움의 시험에 들고서도 살아남은 이들에게서 강인함에 의지하는 법을 물려받았다. 내 할머니와 할아버지, 자매들, 이모와 고모들, 형제들이 바로 그들이다. 마야 안젤루는「우리 할머니들Our Grandmothers」이라는 시에서 "나는 홀로 나아가지만 천 명의 사람으로서 버티고 선다"고 선언한다. 나는 선조와 가족의 역사를 지니고 세상을 헤쳐나간다. 나를 위해 먼저 길을 닦아준 그들은 모두 내 정체성의 한 부분을 이룬다.

잠시 시간을 내어 나 자신의 역사에 대해 생각해보자. 어디서 태어났다거나 어떻게 자랐다는 데 그치지 말고, 내가 여기 이곳, 지금 이 순간에 있을 수 있게끔 이바지한 상황에 대해서 생각해보자. 그렇게 살아가면서 상처 입거나 겁에 질린 때가 있었다면 어떤 순간이었나? 짐작건대 누구나 그런 일을 몇 번은 겪었으리라. 하지만 정말 놀랍게도, 우리는 여전히 이곳에 있다. 여전히, 꿋꿋하게.

3장

교감
Connection

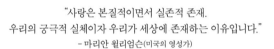

"사랑은 본질적이면서 실존적 존재.
우리의 궁극적 실체이자 우리가 세상에 존재하는 이유입니다."
– 마리안 윌리엄슨(미국의 영성가)

여러 해에 걸쳐 수천 명의 사람들과 이야기하며, 나는 우리 모두에게 공통된 소망이 한 가지 있다는 것을 알게 되었다. 자기 자신이 가치 있게 여겨지고 싶다는 소망이다. 소도시 토피카에 사는 주부이든 대도시 필라델피아 시에서 일하는 직장여성이든, 우리는 모두 누군가가 우리를 사랑하고 필요로 하고 이해하고 인정해주기를 마음속 깊은 곳에서부터 갈망한다. 깊고 아늑한 관계 안에서 생기 있고 인간적인 감정을 느끼며 살고 싶어 한다.

언젠가 오프라 쇼에서 일곱 명의 남자를 인터뷰한 적이 있다. 나이와 배경이 다양한 그들에게 한 가지 공통점이 있다면 바로 아내를 두고 바람을 피웠다는 점이었다. 그 인터뷰를 통해서 나는 지금까지 경험했던 것 중에서 가장 흥미롭고 솔직한 대화를 나누었고 아주 큰 각성의 순간을 맛보았다. 우리는 모두 내 말을 들어주고 나를 필요로 하고 나를 중요하게 여기는 사람들을 갖고자 하는 강한 열망을 가지고 있으며, 어떤 형태로든 그러한 열망을 확인받기를 원한다는 점을 깨달은 것이다. 많은 사람이 — 남녀 구분 없이 — 그저 '나는 정말 괜찮다'는 것을 확인받기 위해 바람을 피운다. 자신이 여성의 유혹을 물리칠 수 있는 도덕적 가치관을 따르고 있다고 생각했던 결혼 18년 차의 남성은 인터뷰에서 자신의 내연녀에게 특별히 대단한 점이 있는 것은 아니라고 말했다. "하지만 그 사람은 내 말을 들어주고, 내게 흥미를 보였고, 무엇보다 내가 특별한 사람인 것처럼 느끼게 해주었습니다." 그 말을 듣고 나는 '그래, 바로 이거야!'라고 생각했다. 우리는 모두, 우리가 다른 누군가에게 특별한 존재인 것처럼 느끼고 싶은 것이다.

어린 시절 미시시피 주와 내슈빌, 밀워키 사이를 전전하며 자라는 동안 나는 내가 사랑받고 있다는 느낌을 받은 적이 없었다. 그래서 내가 뭔가를 잘하는 사람이 되면 사람들이 나를 인정하게 될 거라고 생각했다. 이십대에 접어들어서는 나의 가치가 남성에게 사랑을 받는 것에 달렸다고 믿었다. 나를 떠나려던 남자 친구를 붙잡으려고 그의 열쇠를 화장실 변기에 집어던지기까지 했던 일이 기억난다. 그때의 나는 신체적인 학대를 받는 여성과 다를 바가 없었다. 매일 밤 머리를 얻어맞는 것은 아니지만, 날개가 잘려 날아오를 수 없었다. 여러 가지 일들을 잘 해내고 있었음에도 곁에 남자가 없는 한 나는 아무것도 아니라고 생각했다. 내가 그토록 갈망했던 사랑과 인정이라는 것이 나 자신 밖에서 찾을 수 있는 것이 아니라는 진실을 알게 된 것은 그로부터 여러 해가 지난 후였다.

이제는 확실하게 안다. 깊은 관계의 부재란 내가 '다른 이'로부터 멀리 떨어져 있다는 뜻이 아니라, 내가 나를 외면하고 있다는 것을 말한다는 걸. 물론 우리의 삶을 풍요롭게 하고 지탱해주는 관계는 누구에게나 필요하다. 하지만 나를 치유해주고 완전하게 해줄 사람, '너는 아무 가치도 없다'며 항상 내 안에서 속삭이는 목소리를 잠재워줄 누군가를 찾고 있다면 그것은 시간 낭비다. 그 이유는 간단하다. 자신이 가치 있는 존재라는 걸 스스로 깨닫지 못하는 사람을 친구나 가족이 나서서 그렇지 않다고 완전히 이해시키는 것은 불가능하기 때문이다. 배우자조차도 그렇게 할 수는 없다.

창조주는 내 삶에 대한 책임을 오롯이 내게 지웠지만, 그 책임에는 놀라운 특권이 딸려 있다. 어릴 때 받지 못한 사랑과 애정과 깊은 관계를 자기 자신에게 줄 수 있는 힘이 그것이다. 나는 내가 가질 수 있는 가장 훌륭한 어머니이며 아버지이고, 언니이자 친구이며, 사촌이며 연인이다.

나 자신이 중요한 삶의 의미를 가지고 태어난 사람이라고 생각하는 것은 절대로 어렵지 않다. 그냥 그렇게 자신을 바라보겠다고 선택하기만 하면 된다. 부모에게서 마땅히 받아야 했을 인정을 받지 못했다는 사실에 1초도 더 집착할 필요가 없다. 물론 당신은 부모에게서 그런 사랑을 받았어야 했지만 그것은 과거일 뿐, 이제 그 사랑을 스스로 선사하고 앞으로 나아가기만 하면 된다.

더는 "당신 참 괜찮은 사람이야"라고 남편이 말해주기를 기다리는 걸 멈추자. 당신이 얼마나 근사한 어머니인지 아이들이 말해주기를, 멋진 남자가 당신을 품에 안아들고 결혼해주기를, 친한 친구가 당신은 가치 있는 존재라고 안심시켜주기를 기다린다면, 이젠 그 기다림을 멈추고 나의 내면을 보자. 사랑은 나와 함께 시작하는 것이다.

모든 관계의 핵심은 소통이다. 나는 언제나 소통은 춤과 같다고 생각했다. 한 사람이 한 발짝 앞으로 내디디면 상대는 한 발짝 뒤로 물러선다. 댄스플로어에서 한 발짝만 잘못 디뎌도 두 사람이 함께 혼란에 엉켜들 수 있다. 그런 상황에 부닥쳤을 때 선택할 수 있는 가장 좋은 대처법은 언제나 상대에게 (배우자이든 직장 동료이든 또는 자녀이든) 이렇게 물어보는 것이다.

"당신이 정말 원하는 게 뭔가요?"

질문을 받은 상대가 잠시 우물쭈물하거나 계속 헛기침을 하거나 침묵에 잠길지도 모른다. 하지만 솔직한 대답을 듣기 위해 충분히 기다려준다면, 확신하건대 이런 대답이 (또는 비슷한 대답이) 나올 것이다.

"당신이 나를 소중히 여기는지 알고 싶어요."

그런 상대에게 소통과 이해의 손길을 내밀며 인간으로서 해줄 수 있는 가장 중요한 말을 건네보자.

"당신 말을 이해해요."

그렇게 하면 당신을 둘러싼 관계가 더 나아지리라는 것을, 나는 확실히 알고 있다.

나는 사교적인 사람이 결코 아니었다. 이 말을 들으면 대부분의 사람은 놀라겠지만, 나를 잘 아는 이들은 내 말이 진실이라고 확인해줄 것이다. 나는 언제나 홀로 있을 조용한 시간을 따로 챙겼고, 피붙이처럼 여기는 소수의 친구와만 어울렸다. 시카고에 살게 된 지 몇 해나 지나서야 비로소 나는 불현듯 깨달았다. 내가 친구를 만나거나 누군가와 저녁 식사를 하거나 그저 놀기 위해 외출한 적은 한 손으로 꼽을 수 있을 정도로 (꼽고도 손가락이 남을 정도로) 적었다.

아버지의 집을 떠난 후 나는 아파트에서 살았다. 복도 맞은편에 사는 이와 안면을 트기 위해 시간을 낸 적이 거의 없을 정도니, 같은 층에 사는 사람들을 몰랐던 것은 두말할 필요도 없다. 우리는 모두 너무 바빴어, 라고 나는 핑계를 댔다. 그러다가 2004년, 내가 위에 언급한 사실을 깨달은 지 얼마 지나지 않은 시점에 나는 아파트를 떠나 캘리포니아의 주택으로 이사했고, 새로운 세상이 활짝 펼쳐졌다. 여러 해 동안 대중의 눈앞에 서서 세계에서 가장 매혹적인 인물들과 대화를 나누면서도 일어나지 않았던 기적이 내게 일어났다. 내가 마침내 사교적인 사람이 된 것이다.

한 여인 덕분에 나는 성인이 된 이래 처음으로 공동체의 일부가 된 것처럼 느꼈다. 캘리포니아에 갓 도착해 반스 슈퍼마켓의 시리얼 통로를 따라 카트를 밀며 걷고 있을 때였다. 어느 낯선 여인이 나를 멈춰 세우더니 이렇게 말했다. "이 동네에 오신걸 환영해요. 다들 이곳을 무척 좋아하는데 당신도 그랬으면 좋겠어요." 그녀의 마음이 너무나 진실하게 다가와서 나는 눈물이 날 뻔했다.

그 순간 나는 의식적인 결심을 했다. 오랜 기간 도시에서 살면서 그런 것처럼 대문을 닫아걸고 새로운 친구들을 사귈 가능성을 차단하는 짓은 다시는 하지 않겠다고 말이다. 나는 지금 모든 사람이 나를 알고 나 또한 그들을 아는, 그런 동네에 살고 있다.

나를 처음으로 초대해준 이웃은 옆집의 조와 주디였다. 한 시간 후면 조가 피자를 다 구웠을 거라는 말을 들었을 때 나는 아주 잠시만 머뭇거렸을 뿐이다. 나는 조리 샌들에 운동복 바지를 꿰어 입고 화장기 없는 얼굴로 오후 내내 그 집에서 즐거운 시간을 보냈다. 낯선 이의 집에서 수다를 떨며 서로의 공통

점을 발견하는 것은 내게는 거의 모험과도 같은 새로운 경험이었다.

나는 세 집 건너에 사는 애버크롬비의 집에서 차를 마셨고, 밥과 말린의 집 뒤뜰에서는 바비큐를 먹었다. 배리와 젤린다가 연 풀 파티에도 갔고, 줄리의 집을 찾아가서 수박 마티니를 마시기도 했다. 샐리의 장미 정원에서 열린 모임에도 참석했다. 아네트와 헤럴드가 주최한 정식 만찬에 가서는 수많은 은 식기에 쩔쩔맸고, 마고의 집에서 열린 갈비 요리 대회에도 참가했다.(내가 우승했어야 했는데!) 니콜슨의 집에서는 콩 요리를 먹으며 지는 해를 바라보았고, 라이트먼이 마련한 온갖 음식이 다 있는 뷔페에서 맘껏 먹기도 했다. 그곳에서 나는 쉰 명의 이웃과 함께 별빛 아래에서 밥을 먹었는데, 참석자 중 두 명을 제외하고는 모든 사람의 이름을 알고 있다는 걸 알았다. 그렇다. 나는 매우, 매우, 사교적인 사람이 되었다.

그리고 내 삶에 예상하지 못했던 새로운 측면이 생겼다. 친구를 사귈 나이는 이미 지났다고 생각했건만, 너무나 놀랍게도 다른 이들과 어울려 웃고 소통하며 그들을 적극적으로 받아들이고자 하는 나 자신을 발견한 것이다. 어느새 나는 공동체의 일부가 되고자 애쓰고 있었다. 그리고 그로 인해 내 삶에 새로운 의미가 생겼다. 공동체에 속했다는 느낌, 내가 놓치고 있는 지조차 몰랐던 그런 소속감이 생겼다.

내가 확실히 아는 것은, 모든 일에는 다 이유가 있다는 것이다. 식료품점에서 진실한 마음으로 내게 다가온 한 여인이 그것을 일깨워주었다. 그녀와의 만남으로 인해 나는 이곳이 단지 내가 거주하는 장소에 그치지 않고 진정한 의미의 고향이 될 수 있다는 것을 깨닫게 되었다. 인생은 타인과 나눌 때 더 멋지다는 것을 언제나 알고 있었지만, 이제는 그 타인의 범위를 더 넓히면 인생이 더 달콤해진다는 것을 깨닫고 있다.

제발 인정하자. 사랑이란 지겨운 주제다. 동서고금을 막론하고 시시때때로 난무하는 사랑 타령 속에서, 사랑은 때로는 하찮게 여겨지기도 하고 때로는 대단한 것인 양 취급받기도 하며 그 정체성 — 무엇이 사랑이고 무엇은 사랑이 아닌지 — 에 대해 대중의 환상을 형성해왔다. 우리 대부분은 나름의 선입견을 품고 있다. 무엇이 사랑인지(순식간에 휩쓸려 정신을 잃을 정도로 황홀한 것이 사랑이야), 사랑은 어떤 형태로 나타나야 하는지(키가 크고 늘씬하며 유머 감각과 매혹적인 요소를 모두 갖춘 그런 남자?)에 대한 선입견 탓에 우리는 막상 사랑이 다가와도 그것을 알아보지 못한다. 우리가 가슴속에 품고 있는 판타지의 모습과 같지 않으면 사랑이 아니라고 생각한다.

하지만 나는 확실히 알고 있다. 사랑은 어디에나 있다. 어느 곳에 있든 우리는 사랑하고 사랑받을 수 있다. 사랑은 모든 형태로 존재한다. 나는 때때로 앞뜰에 나갔을 때 모든 나무로부터 사랑이 진동하며 울려 나오는 것을 느끼곤 한다. 사랑은, 당신이 요청하기만 하면 언제든지 손에 넣을 수 있다.

나는 너무나 많은 여성이 로맨스라는 것에 넋을 잃는 것을 보았다. 나도 그런 사람 중의 한 명이었다. 그들은 자신의 삶을 온전히 채워줄 누군가를 찾지 못하면 자신이 영원히 미완성의 존재로 남을 거라고 믿는다. 하지만 잠시 생각해보면 참으로 얼토당토않은 소리다. 나는 나 혼자로 이미 온전한 사람이다. 설사 스스로 미완성의 존재로 느껴진다 해도 사랑으로 그 깨진 빈 공간들을 메워줄 사람은 오직 자신뿐이다. 랠프 왈도 에머슨Ralph Waldo Emerson도 이렇게 말하지 않았던가. "그대에게 평화를 가져다줄 사람은 오직 그대뿐."

내게는 절대 잊을 수 없는 순간이 있다. 어느 날, 나는 서랍을 정리하던 중에 열두 페이지 분량의 종이뭉치를 발견하고 깜짝 놀라 하던 일을 모두 멈춰야 했다. 그것은 당시 내가 만나던 남자에게 쓴, 그러나 보내지는 않은 (하느님 감사합니다!) 연애편지였다. 스물아홉의 나는 그 남자에게 필사적으로 매달렸다. 징징대며 사랑을 애걸하는 내용으로 꽉 찬 그 편지는 우스꽝스러울 정도로 한심해서 과연 내가 쓴 것이 맞나 의구심이 들 정도였다. 열다섯 살부터 일기를 써온 나였지만 도저히 그 편지를 계속 가지고 있을 수는 없었다. 그래서 엄숙하게 내가 사랑이라고 생각했던 것의 증거를 태워버렸다. 내가 그 정도로 한심했고, 나 자신에게서 분리되어 있었다는 증거를 문서로 남겨두고 싶지 않았다.

나는 너무나 많은 여성이 남자들, 그것도 자신에게는 눈길 한 번 제대로 주지 않는 그런 남자들에게 매달려 자기 자신을 스스로 포기하는 것을 보아왔다. 빵이 아닌 빵부스러기로 만족하는 여성들을 너무 많이 보았다. 하지만 이제 나는 진정한 사랑 위에 세워진 관계는 느낌이 '좋다'는 것을 안다. 진정한 사랑은 기쁨을 가져다준다. 몇몇 순간만이 아닌 대부분의 시간에. 진정한 사랑은 당신의 목소리나 자존감, 또는 존엄성을 버리라고 요구하지 않는다. 당신이 스물다섯 살이든 예순다섯 살이든, 진정한 사랑을 한다는 것은 내가 누구인가를 말하는 전부를 투자하여 뿌린 것 이상을 수확하는 것이다.

로맨틱한 사랑만이 우리가 찾아 나설 가치가 있는 사랑은 아니다. 나는 누군가와 사랑에 빠져 지루한 일상에서 벗어나 로맨틱한 열락으로 휩쓸리기를 갈망하는 사람들을 참으로 많이 만나왔다. 주위에는 그들과 이어지기를 원하는 아이들, 이웃들, 친구들, 심지어 낯선 이들까지 가득한데도 말이다. 잠시만 옆으로 시선을 돌려 확인해보자. 가능성은 어디에나 존재한다.

만약 당신이 가슴을 활짝 열고 위대한 사랑을 향해 전력 질주하는 것이 어렵다면, 한 발씩 내딛는 것부터 시작해보자. 상대에게 연민의 감정을 표현해보는 것으로 출발해보자. 오래지 않아 좀더 깊은 무언가를 향해 빨라지는 발걸음을 느끼게 될 것이다. 그리고 머지않아 당신은 다른 이들에게 이해와 공감, 다정함의 축복을, 그리고 확신하건대, 사랑의 축복까지 선사할 수 있게 될 것이다.

위기의 순간에 처할 때마다 격려의 말과 함께 손을 내밀어주는 사람들에게 나는 언제나 감탄한다. 누구나 그렇듯 나도 살면서 심각한 절망의 순간들을 겪었다. 그리고 그때마다 "내가 어떻게 도와줄 수 있을까요?"라고 묻는 친구들의 은혜와 사랑으로 견뎌냈다. 그들은 그렇게 묻는 것만으로도 이미 나를 도왔다는 걸 몰랐다. 힘겨운 순간이 닥쳤을 때, 내가 잘 아는 사람들뿐 아니라 내가 한 번도 만난 적이 없는 사람들마저 나를 위해 도움의 다리를 놓아주었다.

두어 해 전 상당히 힘든 좌절을 맛보았을 때를 나는 결코 잊지 못한다. 예고도 없이 나의 친구 비비 와인넌스BeBe Winans(미국의 유명한 복음성가 가수 — 옮긴이)가 우리 집에 찾아왔다. "오프라에게 해주고 싶은 말이 있어요." 그러고서는 내가 가장 좋아하는 찬양이라고 그가 알고 있는 노래를 부르기 시작했다. "주께 드리네, 주께 드리네. 사랑하는 구주 앞에 모두 드리네."

나는 조용히 앉아 눈을 감고 놀라운 사랑의 노래 선물에 나 자신을 열었다. 노래가 끝났을 때 나는 나를 옥죄던 모든 압박이 사라진 것을 느꼈다. 그저 존재한다는 것만으로 흡족했다. 몇 주 만에 처음으로 나는 순수한 평화를 맛보았다.

눈을 뜨고 눈물을 닦았을 때 비비의 얼굴은 환하게 빛나고 있었다. 그는 특유의 '허, 허, 허 — 아!' 하는 소리를 내며 웃기 시작했고 나를 꼭 안아주었다. 그러고는 이렇게 말했다.

"사랑스러운 오프라, 당신 혼자서 이 짐을 다 질 필요가 없다는 것을 기억하게 해주려고 내가 온 거예요."

당신이 어려움에 처했을 때, 사람들이 그런 당신을 염려하고 있다는 사실을 잊지 말자. 그것이 바로 사랑이니까. 이것을 확실히 아는 나는 축복받은 존재다.

나는 내가 우정에 대해 잘 알고 있다고 생각했다. 친구 게일과 함께 쉐비 임팔라를 타고 열하루에 걸쳐 국토횡단여행을 떠나기 전까지는 말이다. 우리 둘은 이십대 초반부터 절친한 벗이었다. 힘들 때 서로를 도왔고 같이 휴가를 보냈으며 내가 발간하는 잡지 일도 함께했다. 그런데도 배워야 할 것이 더 남아 있었던 것이다.

2006년 메모리얼데이에 우리는 '쉐보레를 타고 미국 구경하기'에 나섰다. 오래전에 나왔던 쉐보레 자동차 광고의 표어('쉐보레를 타고 미국을 구경하자'는 광고 CM송이 유명하다. ― 옮긴이)를 기억하는가? 나는 언제나 그게 꽤 혹하는 아이디어라고 생각했다. 캘리포니아 집의 진입로에서 차를 빼 도로로 나왔을 때 우리는 성악가처럼 비브라토를 섞어가며 시끄럽게 쉐보레 CM송을 불러젖혔고, 그런 우리의 모습이 우스워서 깔깔거렸다. 여행이 3일째에 접어들어 애리조나 주 홀브룩 근처에 왔을 때 우리는 입안에서 곡조를 웅얼거리고 있었다. 그리고 5일째에 콜로라도 라마에 닿았을 무렵엔 누구도 노래를 부르지 않았다.

여행은 매우 고됐다. 눈앞에는 끝없이 도로만 뻗어 있었다. 운전밖에 할 것이 없었다. 하루 여섯 시간, 다음 날은 여덟 시간, 그다음 날은 열 시간…… 게일은 자기가 운전할 차례가 되면 계속 음악을 틀어놓겠다고 고집을 부렸다. 나는 조용히 있고 싶었고, 내 입에서는 "홀로 생각에 잠기고 싶다"는 말이 계속해서 튀어나왔다. 게일이 큰 소리로 노래 부르는 것을 들으며, 나는 이 친구가 모르는 노래가 이 세상에는 없다는 걸 깨달았다.(게일은 이 세상의 거의 모든 노래를 사랑하는 모양이었다.) 내가 운전을 할 때 친구가 침묵을 견딜 수 없었던 것처럼, 나는 친구의 노래를 견딜 수 없었다. 나는 인내심을 배웠고, 인내심이 거의 바닥을 드러냈을 때 결국 귀마개를 샀다. 우리는 매일 밤 다른 호텔에 여장을 풀며 기진맥진해 했지만, 자신들을 농담의 대상으로 삼아 웃을 여유는 있었다. 우리는 내가 가진 차선 합류 공포증과 주간 고속도로 공포증, 추월 공포증을 조롱했다. 아, 나는 다리를 건널 때도 공포를 느꼈다.

물론 게일은 내가 그저 운전을 잘하지 못하는 거라고 주장할 것이다. 그녀는 능숙한 운전자로, 펜실베이니아 유료 도로의 곡선 차선을 여유롭게 타고 찬찬히 뉴욕으로 향했다. 다만 한 가지 문제가 있었으니, 콘택트렌즈를 너무 오래 낀 탓에 펜실

베이니아에 닿았을 무렵엔 눈이 몹시 피로한 상태였다는 것이다. 주유소에서 산 치토스와 돼지껍질 과자를 더는 먹지 않아도 된다는 데 안도하며 우리는 조지워싱턴교로 다가갔다. 땅거미가 졌고 빠르게 어둠이 내리고 있었다. 그때 게일이 말했다.

"진짜 이런 말 하긴 싫은데, 나 눈이 안 보여."

"눈이 안 보인다니 무슨 뜻이야?" 나는 차분한 어조를 유지하려고 애썼다.

"헤드라이트가 막 번져 보여. 너한테도 그렇게 보이니?"

"어…… 아니. 안 그래! 차선을 분간할 수는 있어?" 내 목소리는 고함으로 변했다. 순간 눈앞에 신문의 머리기사가 떠올랐다. '두 친구, 조지워싱턴교에서 사고로 여행을 마감하다.' 어디에도 차를 세울 만한 데가 없었고 다른 차들이 빠르게 지나치고 있었다.

게일이 말했다. "난 이 다리를 아주 잘 알아. 그래서 우리가 지금 괜찮은 거야. 나한테 생각이 있어. 톨게이트에 닿으면 차를 세우고 콘택트렌즈를 뺀 다음에 안경을 쓰는 거야."

톨게이트까지는 아직도 한참 남았다. "내가 뭘 하면 좋을까?" 나는 거의 겁에 질려 물었다. "내가 대신 운전대를 돌려줄까?"

"아니, 흰색 차선에 딱 붙어서 가면 돼. 그건 됐고, 네가 나 대신에 내 렌즈를 빼고 내 안경을 써줄 수 있어?" 그녀가 농을 쳤다. 적어도 나는 농담이었다고 믿고 싶다.

"게일, 네 생각은 위험한 데다 불가능해." 내가 말했다.

"못하겠으면 에어컨이나 좀 틀어. 땀이 나네." 게일이 답했다.

우리는 둘 다 땀을 줄줄 흘리며 톨게이트로 향했다. 그리고 안전하게 뉴욕으로 진입했다. 우리 뒤를 따르던 스태프들은 훗날 다음과 같은 문구를 넣은 티셔츠를 만들어 입었다. '나는 이 일주여행에서 살아 돌아왔다네.'

내가 확실히 아는 것이 뭐냐고? 친구와 함께 좁은 공간에 갇혀 열하루를 보낸 후 웃으며 그곳에서 나올 수 있다면, 당신과 그 친구는 진정한 벗이다.

반려견 세이디가 내 삶에 들어오게 된 사연은 말해도 또 말하고 싶은 소중한 이야기다. 나는 시카고의 동물보호소에서 처음 세이디를 만났다. 그때 세이디는 내 어깨에 달라붙어 내 귀를 핥으며, "나를 데려가 주세요"라고 속삭였다. 나와 함께 새로운 삶을 살고 싶어 하는 녀석의 마음이 느껴졌다.

나는 바로 세이디와 통하는 것을 느꼈다. 하지만 게일은 내가 잠시 충동적인 사랑에 사로잡힌 것은 아닌지 확인해야 한다며, "내일까지 기다려보고 생각이 바뀌는지" 보라고 했다. 나는 게일의 충고대로 24시간을 기다려보기로 했다.

다음 날, 시카고에는 세찬 눈보라가 몰아쳤다. 강아지를 집으로 데려오기엔 궂은 날씨였다. 고층 건물에 살고 있다면 더욱 그랬다. 해가 쨍쨍한 날에도 77층 아파트에서 강아지를 훈련하는 건 어렵다. 배변훈련을 처음 배우는 강아지들은 자주 밖으로 데리고 나가줘야 하기 때문이다.

하지만 스테드먼과 나는 궂은 날씨에도 아랑곳하지 않고 두툼한 옷을 단단히 차려입고 사륜구동차를 몰아 동네 건너편으로 향했다. "한 번 다시 보기만 할 거야." 나는 맹세했다. 보호소에서 가장 작은 체구였던 꼬마 숙녀 세이디는 내 가슴을 울렸다. 약한 편을 승리자로 만드는 걸 나는 너무 좋아한다.

한 시간 후 우리는 동물용품 상점인 펫코에서 세이디를 위한 이동장과 배변 패드, 목걸이와 외출용 목줄, 사료와 장난감을 사고 있었다.

집으로 돌아와서 우리는 세이디를 이동장 안에 넣어 침대 옆에 놓았다. 그런데도 세이디는 울었다. 우리는 이동장을 위로 올려 강아지가 우리를 잘 볼 수 있도록 침대 한가운데에 놓았다. 보호소 친구들과 헤어져 낯선 곳에서 첫날밤을 보내게 된 세이디가 혹시 불안해 할까봐 온 신경을 쏟았다. 하지만 여전히 찡찡대는 소리가 들려왔고, 이윽고 낑낑대는 소리가 크게 들리기 시작했다. 나는 강아지를 이동장에서 꺼내 내 베개 위에서 자도록 놓아두었다. 이런 식으로 강아지를 길들이는 것이 옳지 않다는 걸 알았지만, 그래도 그렇게 했다. 세이디가 나를 강아지 친구라고 착각할 정도로 내 옆에 가까이, 오래 두었다. 아침에 눈을 뜨니 세이디는 내 어깨로 파고들어 와 있었다. 자기 딴에는 가장 편안하게 잠자는 자세였다.

그로부터 5일 후, 나는 그만 이성을 잃고 세이디의 형제인 아이반을 입양하는 데 동의하고 말았다. 24시간 동안은 아주 편했다. 아이반이 세이디의 놀이 친구가 되어주었기에 나는 그 역할에서 벗어날 수 있었다.(공 던지기나 물렁물렁한 고무 인형에서 얼마간 자유로워지는 것은 꽤 괜찮은 일이었다.)

아이반이 세이디와 루크, 레일라(루크와 레일라는 집에서 원래 키우던 골든 리트리버 견이다)와 함께 햇살 아래에서 신이 나게 뛰어논 것은 딱 하루였다. 녀석은 갑자기 저녁밥을 거부했다. 계속 설사를 했고 구토가 뒤따랐다. 그날은 토요일이었고 월요일 밤, 우리는 녀석이 그 끔찍하다는 파르보 바이러스에 감염되었다는 사실을 알았다.

13년 전에도 나는 같은 일을 겪은 적이 있다. 갈색 코커 스패니얼 종의 솔로몬이란 개가 파르보 바이러스에 감염되어 거의 죽을 뻔한 적이 있었다. 녀석은 20일 동안이나 동물병원에 머물러야 했는데 감염되었을 때 이미 한 살이 넘은 개였다. 반면 아이반은 태어난 지 11주밖에 지나지 않은 어린 강아지였다. 아이반의 면역체계는 바이러스를 무찌를 정도로 튼튼하지 않았다. 우리가 응급 클리닉으로 아이반을 데려간 지 4일째 되던 날 아이반은 우리 곁을 떠났다.

그날 아침, 세이디가 갑자기 사료를 거부했다. 처음 받은 검사에선 음성판정이 나왔지만 나는 세이디도 감염되었다는 걸 알았다.

그날부터 세이디를 구하기 위한 고생길이 시작되었다. 혈장 수혈과 항생제 투여, 생균제 처방 등을 받기 위해 우리는 매일 병원을 방문해야 했다. 이 나라의 모든 국민이 녀석이 받은 만큼의 건강관리와 치료를 받을 수 있다면 얼마나 좋으랴? 우리의 노력에도 불구하고 세이디는 나흘 동안 상태가 점점 나빠졌고, 나는 결국 수의사에게 이렇게 말했다. "우린 이 아이를 보낼 마음의 준비가 되어 있어요. 더는 세이디가 힘들어 하는 걸 보고 싶지 않아요."

하지만 세이디는 싸워서 이겨냈다. 바로 다음 날, 백혈구 수치가 나아졌고 이틀 후에 녀석은 행복하게 닭고기 조각을 쩝쩝거리게 되었다.

얼마 지나지 않아 세이디는 마르고 허약한 몸이지만 다시 삶을 시작할 준비를 마치고 집으로 돌아왔다. 그리고 완전히 회복했다.

세이디와 아이반이 병원 신세를 지는 동안 나는 걱정에 싸여 거의 잠을 이루지 못했다. 마치 가족이 아픈 것같았다. 그렇게 나는 반려동물이 우리의 삶에서 어떤 의미를 지니는지를 알게 되었다. 반려동물을 키우며 우리는 조건 없는 사랑을 배운다. 그리고 그 사랑은 다시 돌아온다.

애틋하고 순수한 사랑. 그만한 것이 또 있으랴.

내가 누군가를 사랑하는 것을 인생의 주제로 삼는 한, 내 삶이란 책에 마지막 장이란 절대 시작되지 않을 것이다. 사랑의 유산은 계속 이어지기 때문이다. 내가 누군가에게 어둠을 밝히는 등불을 전하면 그는 또 다른 이에게 그 불을 비춰주고, 그렇게 등불은 손을 바꿔 계속 전해진다.

확신하건대, 우리의 인생이 막바지에 이르렀을 때 — '해야 할 일'의 목록이 더 이상 없고 정신없이 바쁜 일이 모두 끝나고 '받은 편지함'이 텅 비게 되었을 때 — 지난 삶을 돌아보며 유일하게 가치 있다고 말할 수 있는 것이 있다면 우리가 다른 이들을 사랑했는가, 그리고 그들은 우리를 사랑했는가일 것이다.

4장

감사
Gratitude

"당신 인생의 단 한 번의 기도가 '감사합니다'라면 그것으로 충분하다."
– 마이스터 에크하르트(독일 신비주의의 대표적 사상가)

여러 해 동안 나는 '감사하며 살아가는 것'의 힘과 즐거움을 옹호해왔다. 10년 동안 빼놓지 않고 감사 일기를 썼고, 내가 아는 모든 이에게도 그렇게 하기를 권유했다. 그런데 너무 바빠지면서 나는 몰려오는 일에 정신을 차릴 수가 없었다. 여전히 일기장을 펼치는 날도 있었지만 매일 다섯 개씩 감사했던 일을 적던 습관은 점점 느슨해지기 시작했다.

1996년 10월 12일의 감사 일기에 나는 이렇게 적었다.

1. 나를 시원하게 감싸주는 부드러운 바람을 받으며 플로리다의 피셔 섬 주위를 달린 것

2. 햇빛을 받으며 벤치에 앉아 차가운 멜론을 먹은 것

3. 머리가 엄청나게 큰 남자를 소개팅 받은 게일과 신이 나서 오랫동안 수다를 떤 것

4. 콘에 담긴 셔벗. 너무나 달콤해서 손가락까지 핥아 먹음

5. 마야 안젤루가 새로 쓴 시를 전화로 들려주신 것

두어 해 전 나는 우연히 이 일기를 보게 되었고, 어째서 내가 더는 단순한 순간의 기쁨을 느끼지 못하게 된 걸까 의아해졌다. 1996년 이후로 나는 더 많은 부와 더 많은 일, 더 많은 재산 목록을 쌓아왔다. 모든 것이 엄청난 속도로 불어나는 듯했다. 나의 행복만 제외한다면 말이다. 어째서 이렇게 수많은 선택권과 기회를 가진 내가 기쁨을 느낄 시간이 조금도 없는 사람들 틈에 끼게 된 걸까? 나는 이것저것에 신경을 쏟느라 어떤 것도 제대로 느끼지 못하는 상태에 이르렀다. 늘 무언가를 '하느라' 너무 바빴다.

하지만 솔직히 말하면 그건 핑계일 뿐이다. 사실 나는 1996년에도 바빴다. 차이가 있다면 그때는 감사하며 살아가는 것을 매일 수행해야 할 중요한 일로 여겼다는 것뿐이다. 하루를 보내면서 나는 늘 감사해야 할 일을 찾았고, 그러면 어김없이 감사할 것이 나타났다.

때때로 우리는 산을 오를 때 힘든 것에만 주목한 나머지 오를 산이 있다는 사실에는 감사할 생각을 잊는다.

내 삶은 여전히 미친 듯이 바쁘다. 하지만 이제는 그런 삶 속에서도 스스로를 지탱할 힘을 가진 것에 끊임없이 감사하고 있다. 그리고 다시 일기를 쓰기 시작했다.(이번에는 컴퓨터로 쓴다.) 감사해야 할 순간을 만날 때마다 나는 메모를 한다.

내가 확실히 아는 것이 있다면, 만약 당신이 당신 앞에 나타나는 모든 것을 감사히 여긴다면 당신의 세계가 완전히 변할 거라는 점이다. 가지지 못한 것 대신 내가 이미 가지고 있는 것들에 초점을 맞춘다면 당신은 자신을 위해 더 좋은 에너지를 내뿜고 만들어낼 수 있다.

확신하건대, 매일 짧게나마 짬을 내어 감사한다면, 크게 감탄할 만한 결과를 맛보게 될 것이다.

"고맙다고 말해요!" 여러 해 전, 마야 안젤루가 한 말은 내 삶을 송두리째 바꿔놓았다. 그날 나는 마야와 전화 통화를 하고 있었다. 문을 닫고 화장실 안에 들어가 변기 뚜껑 위에 앉아서 정신 줄을 놓았다고 할 정도로 주체할 수 없이 흐느끼고 있었다.

"그 정도만 해요!" 마야가 꾸짖었다. "지금 당장 울음을 그치고, 고맙다고 말해요!"

"하지만 선생님…… 선생님은 이해 못하세요." 나는 흑흑 거리며 울었다. 내가 대체 무엇 때문에 그렇게 넋이 나갔던 건지 지금은 알 수 없다. 마야가 이 말을 들으면 그것 봐요, 내가 그랬잖아요, 하고 말하리라.

"이해해요. 하지만 오프라가 그 말을 하는 걸 듣고 싶어요. 큰 소리로 말해봐요. '고맙습니다'라고 해봐요."

머뭇거리며 나는 그 말을 따라 했다. "고맙습니다." 그리고 조금 더 훌쩍거렸다. "하지만 내가 왜 고맙다고 말하고 있는 건가요?"

마야가 대답했다. "오프라가 고맙다고 하는 이유는, 당신의 믿음이 너무나 강해서 어떤 문제에 부딪혀도 헤치고 나갈 거라는 걸 의심하지 않기 때문이에요. 태풍의 눈 안에 갇혀도 신께서 구름 안에 무지개를 넣어놨다는 것을 알기 때문에 고맙다고 하는 거예요. 어떤 문제가 생겨도 만물의 창조주에게 필적하지는 못한다는 걸 당신이 알기 때문에 고맙다고 하는 거예요. 자, 다시 말해봐요. 고맙습니다!"

그래서 나는 다시 말했다. 그리고 지금도 그렇게 말한다.

항상 감사한 마음을 가지기는 쉽지 않다. 하지만 당신이 가장 덜 감사할 때가 바로 감사함이 가져다줄 선물을 가장 필요로 할 때다. 감사하게 되면 내가 처한 상황을 객관적으로 멀리서 바라보게 된다. 그뿐만 아니라 어떤 상황이라도 바꿀 수 있다. 감사한 마음을 가지면 당신의 주파수가 변하고 부정적 에너지가 긍정적 에너지로 바뀐다. 감사하는 것이야말로 당신의 일상을 바꿀 수 있는 가장 빠르고 쉬우며 강력한 방법이라고 나는 확신한다.

우리의 자아는 나를 타인과 분리된 존재라고 생각한다. 우리가 감사함을 느끼기 위해서는 그러한 자아가 뒤로 물러서야 한다. 그러면 그 빈자리에 한층 깊어진 연민과 이해심이 들어서게 되고, 우리는 답답한 상황에서도 감사하기를 선택하게 된다. 그리고 감사의 마음을 느끼면 느낄수록 감사해야 할 일이 더 많아진다. 감사함은 이렇게 우리에게 선물을 가져다준다.

마야는 옳았다. 지금 어떤 일을 겪고 있든 당신은 어떻게든 헤쳐나갈 것이고 힘든 순간은 지나갈 것이다. 그러니 지금 고맙습니다,라고 말하자. 무지개가 뜰 거라는 걸 당신은 알고 있으니까.

먹는 것에 대해 내가 쏟아부은 에너지와 시간은 계산할 수 없을 정도다. 정말로 온갖 생각을 다 한다. 뭘 먹지? 방금 내가 이런 걸 먹었네? 내가 먹은 게 칼로리와 지방이 이 정도나 되네? 이걸 다 태우려면 얼마나 오래 운동을 해야 하는 거야? 운동을 안 하면 어떻게 될까? 먹은 게 살이 되는 데 시간이 얼마나 걸릴까? 등등. 오랜 세월, 음식이란 것은 내 머릿속에 자주 등장하여 진득하게 머물렀다.

내가 처음으로 다이어트 전문의에게 지급했던 수표(미국인들은 지불 수단으로 개인 수표를 많이 발행하며, 정산이 끝난 수표는 발행자에게 다시 돌아온다. — 옮긴이)를 나는 아직도 간직하고 있다. 1977년 볼티모어, 스물세 살, 67킬로그램에 치수 8. 나는 내가 뚱뚱하다고 생각했다. 의사는 내게 1,200칼로리 식이요법을 처방했고, 2주가 채 지나기도 전에 나는 5킬로그램 가까이를 감량했다. 그러나 두 달 후, 거의 6킬로그램이 다시 붙어났다. 그렇게 내 몸과의 전쟁, 불만족의 악순환은 시작되었다. 나 자신에게 느끼는 불만족이었다.

기어이 나는 다이어트 군단에 입대했다. 비벌리 힐스 다이어트, 황제 다이어트, 스카스데일 다이어트, 마녀수프 다이어트 등 온갖 다이어트를 다 시도했고, 심지어는 바나나 다이어트나 핫도그 다이어트, 달걀 다이어트까지 해보았다. (농담이냐고? 나도 그랬으면 좋겠다.) 내가 몰랐던 것이 있다면 그런 다이어트는 내 근육을 굶기는 셈이 되어 기초대사가 저해되고 결국은 살이 더 찌는 몸이 된다는 사실이었다. 1995년 즈음 요요현상을 거듭한 지 거의 20년이 지난 후에야, 나는 마침내 몸매에 상관없이 자신의 몸에 감사하는 것이 자신을 사랑하는 데 주요한 핵심임을 깨달았다.

그 사실을 머릿속으로는 이해했지만 실제로 실천하는 것은 그리 녹록하지 않았다. 깨달음을 얻은 후 6년이 지나고, 영문을 알 수 없는 심계항진증에 6개월이나 시달린 후에야 비로소 나는 그것을 받아들일 수 있었다. 2001년 12월 19일에 나는 다음과 같은 일기를 썼다. "확실한 것 하나. 밤에 심장이 심하게 두근대는 경험을 겪으면서 나는 아침에 잠에서 깨어나는 것이 얼마나 행복한 일인지 깨닫게 되었다. 하루하루가 고맙게 느껴졌다."

나는 내 심장이 당연히 건강할 것이란 생각을 접고 심장이 쿵쿵 뛰며 살아 있다는 신호를 보내줄 때마다 감사하기 시작했다. 돌이켜보면, 그때까지 47년을 살아오면서 내 심장이 하는 일에 대해, 그것이 한 번씩 뛸 때마다 폐와 간, 콩팥, 심지어 뇌에까지 산소를 공급해준다는 사실에 단 한 번도 의식적으로 주의를 기울인 적이 없었다. 그런데 이제는 심장이 그런 일을 한다는 사실이 너무 신기하면서 놀라웠다.

너무나 오랜 세월 동안 나는 내 심장을 제대로 돌보지 않았다. 너무 많이 먹고 스트레스에 시달렸으며 일을 할 때는 과욕을 부렸다. 밤에 누워 있을 때조차 심장이 쉬지 못하고 계속 내달린 것도 무리가 아니었다.

나는 우리 인생에서 일어나는 모든 일에는 의미가 있으며, 모든 경험에는 우리를 위한 메시지가 있다고 믿는다. 우리가 귀를 열고 그것을 들으려고만 한다면 말이다. 심계항진증이란 증세를 통해 내 심장이 내게 말하고자 한 것은 무엇이었을까. 나는 아직도 답을 모른다. 하지만 그 질문을 하는 것만으로도 내 몸을 다시 한번 점검해보게 되었고, 어째서 내가 몸을 소중히 여기지 않았는지 생각하게 되었다. 옷에 몸을 맞추기 위해, 아니 세상의 기준에 나를 맞추고 그저 튀지 않기 위해 얼마나 많은 다이어트를 시도했던가. 그 때문에 내 몸을 지탱하는 생명력의 중추인 심장을 돌보는 것은 늘 우선순위에서 밀려났다.

선선하고 볕이 따사롭던 어느 날 아침, 나는 잠에서 깨어나 침대에 앉아 내 심장을 사랑하겠노라고 맹세했다. 경의를 가지고 대할 것이며 필요한 것을 주고 소중히 보살피겠다고, 심장이 일하고 난 후에는 쉬게 하겠다고 맹세했다. 그러던 어느 날 밤, 나는 욕조에서 나오다 전신거울에 비친 내 모습을 흘끗 보았다. 그때 처음으로 나는 내 몸을 비판하지 않고 있는 그대로 받아들였다. 오히려 내 모습에 대해 따뜻한 감사의 마음을 느꼈다. 땋은 머리칼에 화장기가 전혀 없는 깨끗한 얼굴, 생생하게 빛나는 눈동자, 강인하고 튼튼한 어깨와 목덜미. 나는 내가 깃들어 사는 이 신체가 고마웠다.

머리끝에서 발끝까지 찬찬히 살피며 평가를 해보았다. 더 나아질 수 있는 부분이 아주 많았지만, 나는 더는 내 몸의 어떤 부분도 미워하지 않게 되었다. 울퉁불퉁한 셀룰라이트마저도 괜찮았다. '이건 내게 주어진 몸이야. 내가 가진 것을 사랑하자.'라는 생각이 들었다. 그리고 내가 가지고 태어난 얼굴을 진심으로 사랑하기 시작했다. 두 살 때부터 있던 눈 밑 주름은 세월에 더 깊어졌지만 그래도 내 주름이다. 여덟 살 때부터 잠자리에 들 때마다 알코올 솜 두 개를 대고 빨래집게로 집고 자야 했던, 낮고 평평한 코도 이제는 익숙한 내 코다. 미소를 지을 때 안으로 말아 넣곤 했던 두꺼운 입술은 매일 내가 수백만 명의 시청자에게 말을 할 때 사용하는 입술이다. 내 입술은 두꺼울 필요가 있는 것이다.

전신거울 앞에 섰던 그 순간, 나는 내 자신이 '영적으로 변환'하고 '사랑으로 인해 그 근간이 되살아나는' 경험을 했다. 내가 아주 좋아하는 캐롤린 M. 로저스^{Carolyn M. Rodgers}(미국의 여류 시인이자 흑인 문화 운동가 — 옮긴이)의 시 「어여쁜 나^{Some Me of Beauty}」에서 말하는 그런 순간이었다.

나는 이제는 확실하게 안다. 사랑하고 감사하는 마음으로 몸을 받아들이면 우리는 우리의 몸과 싸울 필요가 없게 된다.

나는 감사함의 공간에 살며 그로 인해 적어도 백만 번은 보답을 받았다. 소소한 것에 감사하는 마음을 가지기 시작했고, 더 많이 감사할수록 내가 받는 은혜 또한 풍부해졌다. 그 이유는 우리가 관심을 보내면 그 관심의 대상은 더 크고 넓어지기 때문이다. 당신이 삶에서 좋은 것들에 주의를 기울이면 더 많은 좋은 것들이 딸려 나온다. 나는 확신한다.

'받는 것보다 주는 것이 더 행복하다'는 말을 한 번쯤은 들어 보았을 것이다. 그에 덧붙여 내가 한 가지 더 확실하게 아는 게 있다면, 주는 것은 아주 재미있기까지 하다는 것이다. 내가 잘 주고, 상대가 기쁘게 받아준 선물처럼 나를 행복하게 만드는 것은 없다.

내가 이제껏 선사한 선물은 모두 그랬다. 선물을 받은 사람이 느낀 행복만큼, 또는 그 이상으로 더 큰 행복을 내게 가져다 주었다. 과장이 아닌 솔직한 말이다. 기분이 내킬 때마다 나는 선물을 준비한다. 한 해 내내 그런 식이다. 상대가 예상하지 못하는 순간에 손편지를 써서 짠, 하고 보내기도 하고 내가 방금 찾아낸 근사한 새 로션을 보내기도 한다. 시집에 예쁜 리본을 달아 건넬 때도 있다. 어떤 선물이라도 상관없다. 중요한 것은 그 선물에 내 마음이 얼마나 깃들어 있는가 하는 것이다. 설혹 선물이 수명을 다해서 사라진다 해도 내 마음이 남아 있도록.

언젠가 내 친구 주느비에브가 우리 집 현관 앞에 선물을 놓고 간 적이 있다. 집 뒤뜰에서 갓 딴 샛노란 레몬을 가지와 잎사귀째로 하얀 그릇에 담아 초록색 리본으로 묶고 "굿모닝"이라는 쪽지를 남겨두었다. 그 모양새나 선물을 전하는 방식의 단아함이 너무나 아름다워서 레몬이 말라서 쪼그라든 후에도, 나는 그 그릇이 놓였던 자리를 지날 때마다 친구의 마음을 느낄 수 있었다. 나는 그 "굿모닝"을 기억하기 위해 레몬을 담은 그릇을 스스로 준비해서 주위에 놓아둔다.

오프라 쇼에서 언젠가 방청객들에게 자동차 선물을 준 일에 대해 아마 다들 들어보았을 것이다. 폰티악 G6 모델의 자동차였다. 내가 TV에서 활동하면서 그때처럼 재미있었던 경험은 아마 없던 것 같다. 하지만 그 선물 대잔치를 계획하기 전, 나는 홀로 어두운 옷방 속에 앉아 명상했다. 눈을 감고 곧 시작될 깜짝쇼에 대한 생각에 초조해지지 않고 현재의 순간에 머무르려고 애썼다. 새 자동차가 정말 필요한 사람들로 방청객을 채우는 것이 내게는 중요했다. 그렇게 해야 그 흥분의 도가니에 진실한 의미가 깃들 테니까. 나는 내가 계획한 일이 나눔의 본질에 대해 다시 생각하게 하는 계기가 되기를 바랐다. 그래서 어두운 옷방 안 신발과 핸드백 사이에 앉아서 꼭 그렇게 되게끔 해주십사 하고 기도했다. 그러고 나서 스튜디오로 내려갔고, 나의 기도는 응답을 받았다.

미시시피의 시골에서 자란 탓인지 나는 지금도 속속들이 시골 아낙이다. 내가 자란 시골에서는 직접 재배하거나 집에서 기른 것(돼지나 닭 같은 가축)만 먹었다. 할머니가 마당에서 순무를 잡아 뽑는 걸 돕고, 집 앞 현관에 앉아 줄콩을 다듬거나 완두콩의 깍지를 벗기는 일이 내게는 당연한 일상이었다.

봄과 여름, 가을을 아울러 내가 가장 좋아하는 날은 채소를 수확하는 날이다. 정원에 나가 아티초크와 시금치, 호박의 일종인 스쿼시, 줄콩과 옥수수, 토마토 그리고 양상추를 거두고 신선한 허브와 양파, 마늘도 바구니에 꽉꽉 채운다. 수확의 풍성함에 내 심장은 한없이 두근거린다.

매번 나는 경이에 찬다. 그렇게 조그만 씨앗에서 이렇게 풍성한 결실을 거둘 수 있다니! 실제로 수확량이 너무 많아서 골치를 앓곤 한다. 너무 많아서 다 먹을 수가 없는데도 자라는 모습을 내 눈으로 직접 본 것들이어서 차마 버릴 수도 없다. 씨앗을 뿌려 직접 키운 먹거리를 내치는 것은 내가 받은 선물을 내던지는 것과 같다. 기쁜 마음으로 이웃과 수확물을 나눈 후에도 또 계속 자라는 푸성귀가 늘 있어서 풍성하였다.

좋은 먹거리는 모두 대지로부터 온다. 농부에게서 직접 산 것이든 동네 식료품점에서 산 것이든 혹은 뒤뜰에서 수확한 것이든 상관없이 잘 먹는 것의 순수한 기쁨은 음미할 가치가 있다는 것을 나는 확실히 안다.

언젠가 신선한 복숭아를 잘라 먹은 적이 있다. 너무나 달콤한데다 한 입 베어문 과즙이 입안 가득이었고 진한 복숭아의 맛이 마치 천국의 맛 같았다. '이 복숭아의 맛을 적절하게 묘사할 도리가 없어. 복숭아답다는 것의 진정한 의미를 이해하기 위해서는 직접 이 맛을 봐야만 해.' 나는 복숭아 맛을 더 느끼며 즐기기 위해 눈을 감아보았지만, 그것으로는 충분하지 않았다. 그래서 스테드먼을 위해 두 입만큼을 남겨두었다. 이것이야말로 최고의 복숭아라는 내 의견에 그가 동의하는지 보고 싶었다. 스테드먼은 내가 남겨둔 복숭아를 한 입 베어물더니, "음, 음, 음…… 이 복숭아를 먹으니 왠지 어릴 때가 떠오르는데"라고 말했다. 감탄과 감사의 정신으로 나누는 모든 것이 그러하듯, 스테드먼과 나눠먹은 복숭아는 작은 과육 한 점에서 내 입속 천국의 맛으로, 그리고 밀려오는 어린 시절의 추억으로 점점 더 커졌다.

가족과 친구에게만 베풀던 작은 나눔의 틀을 벗어나, 모르는 사람을 위해 중대한 일을 처음으로 했던 때를 나는 아직도 기억한다.

볼티모어의 기자 시절, 곤궁에 처한 젊은 어머니와 그녀의 아이들을 취재한 적이 있었다. 취재가 끝난 후 나는 그 가족들을 백화점으로 데리고 가서 겨울 코트를 한 벌씩 사주었다. 그들은 나의 호의에 너무나 고마워했고, 나는 도움이 필요한 사람을 위해 뜻밖의 선의를 베푸는 것이 얼마나 기분좋은 것인지를 배웠다. 그때를 결코 잊을 수 없을 것이다.

그 일이 있었던 1970년대 말 이후, 나는 정말 운좋게도 진실로 대단한 선물을 줄 수 있는 능력을 갖추게 되었다. 캐시미어 숄에서부터 대학 학비까지 모든 것을 선사할 수 있었다. 집을 준 적도 있고 자동차를 선물하기도 했다. 세계일주여행을 하게 해주고 솜씨 좋은 보모를 구해준 적도 있다. 하지만 누군가가 다른 사람에게 줄 수 있는 최고의 선물은 다름 아닌 '자기 자신'이라고 나는 믿는다.

내 50세 생일을 축하하기 위한 오찬회가 열렸을 때, 그날 참석한 모든 여성들은, 나와 우정을 나누는 것이 그들에게 어떤 의미를 지니는지에 대해 쪽지를 썼다. 그 쪽지들이 담긴 은 상자는 지금도 내 침대맡 작은 탁자에 소중히 한자리를 차지하고 있다. 기쁨이 별로 느껴지지 않는 날에는 나는 상자 안에서 쪽지 한 장을 꺼내서 읽는다. 그러면 바로 기분이 좋아진다.

50세 생일로부터 약 1년 후 나는 주말 축하연을 벌였다. 자기 한계를 뛰어넘고 사회의 가교 구실을 하는 열여덟 명의 위대한 여성과 그들이 길을 터준 젊은 여성들을 기리기 위한 행사였다. '전설들의 행차'라고 이름 붙인 그 행사가 끝났을 때, 나는 행사에 참석한 젊은 여성들에게 감사의 편지를 받았다. 아름다운 서체로 꾸며진 편지들은 한 권의 책으로 엮여 있었다. 내가 가장 소중히 여기는 다른 것들과 어깨를 나란히 할 정도로 귀한 그 선물은 최근에 내게 영감을 주기도 했다.

나는 힘든 시간을 보내고 있는 친구를 위로하기 위해 그녀의 모든 친구에게 연락해서 사랑의 쪽지를 써달라고 요청했다. 그리고 그 쪽지들을 모아서 한 권의 책으로 엮은 후 친구에게 보내주었다.

나는 내가 누군가로부터 받은 대로, 다른 사람에게 주었다.

나눔을 이어간다는 것, 그것이 '우리가 여기 있는 이유'라고 나
는 확신한다.

시끌벅적했다. 내가 앉은 옆 테이블에서 생일 축하 모임을 하고 있었다. "사랑하는 매릴린, 생일 축하합니다!" 다섯 명의 웨이터들이 노래를 불렀고, 그 테이블 근처의 다른 손님들도 손뼉을 쳤다. 그날의 주인공인 매릴린이 앞에 놓인 초콜릿 컵케이크에 꽂힌 한 자루의 촛불을 훅 하고 불었다. 잠시 후 누군가가 내게 매릴린의 테이블에 앉은 사람들과 사진을 찍어줄 수 있겠냐고 물었다.

나는 "그러죠"라고 흔쾌히 대답하고는 별생각 없이 물었다. "오늘이 매릴린의 몇 번째 생일이에요?"

그러자 테이블에 앉은 사람들이 모두 어색한 기색으로 웃었다. 그러고는 그중 한 명이 화를 내는 척하며 말했다. "숙녀의 나이를 묻다니 믿을 수가 없네요!"

매릴린이 부끄러운 듯 고개를 숙이고는 내게 말했다. "차마 말 못하겠어요."

그런 반응이 처음에는 신기했지만, 곧 놀라움으로 변했다. "생일을 축하하는 사진은 원하지만 몇 살인지 말해주고 싶지는 않은 거예요?"

"그게, 입 밖으로 내어 말하고 싶지가 않아요. 오늘이 온다는 생각에 몇 주 동안 정말 심란했거든요. 생각만 해도 토할 것 같아요."

"다시 한번 무사히 한 해가 돌아왔다고 생각하는데 토하고 싶어져요? 모든 걱정과 싸움과 도전과 기쁨을 겪으면서, 매일 숨을 쉬면서 오늘 이 순간에 이르렀다는 것이 그렇게 싫어요? 초는 작은 거 한 자루만 켜긴 했지만…… 생일을 축하하면서 생일을 부정하다니요."

"부정하는 건 아니에요. 나는 그저…… 마흔세 살이 되고 싶지 않을 뿐이에요."

나는 화들짝 놀라는 척했다. "마흔셋이라고요? 왜 다른 사람들한테 알리고 싶어 하지 않는 건지 이제 이해가 가네요!" 매릴린 테이블에 앉은 모든 이들이 다시 한번 그 어색한 웃음을 터뜨렸다.

우리는 사진을 찍고 헤어졌지만 나는 매릴린과 그녀의 친구들에 대해서 생각을 멈출 수가 없었다.

돈 미겔 루이스Don Miguel Ruiz가 떠오르기도 했다. 내가 가장 좋아하는 책 중 하나인 『네 가지 약속The Four Agreements』의 저자인 그는 "우리가 머릿속에 저장한 믿음 중 95퍼센트는 거짓말에 불과하며, 우리는 그 거짓말들을 믿기 때문에 고통 받는다"고 했다.

우리가 믿고, 일상생활을 통해 더욱 공고히 굳어지는 거짓말 중 하나가 바로 나이가 들면 추해진다는 믿음이다. 우리는 예전의 모습을 잃지 않으려고 안간힘을 쓰며, 그 믿음의 잣대로 우리 자신과 다른 사람을 판단한다.

내가 여성들에게 나이가 든다는 것에 대해 어떻게 느끼는지 여러 해에 걸쳐 꾸준히 물어온 것도 이 때문이었다. 나는 배우 보 데렉부터 가수 바브라 스트라이샌드까지 내가 만난 모든 여성에게 그 질문을 했다.

배우 알리 맥그로우는 이렇게 말했다. "내 나이대의 여성들이 겁에 질린 삼사십대들에게 하는 말이 '너희들도 거의 다 되었다'는 말이죠. 완전히 사기라니까요."

전직 모델인 비벌리 존슨은 이렇게 말했다. "나는 더는 십대가 아니고 사람들도 그걸 다 아는데 왜 계속 십대의 몸매를 유지하려고 하는 걸까,라는 의문을 어느 순간 가지게 되었어요. 나한텐 커다란 깨달음이었죠."

그리고 배우 시빌 셰퍼드의 솔직함은 멋진 통찰을 제시했다.

"내겐 엄청난 두려움이 있었어요. 나이가 들면 가치 없다고 여겨지지 않을까 하는 두려움이요."

나이 든다는 것은 축복이다. 적어도 나는 그렇게 믿는다.(나는 종종 9·11 사태에서 희생된 모든 천사를 떠올린다. 그들은 이제 더는 나이 들지 못한다.) 우리는 나이 들 수 있는 행운을 얻은 사람들이며, 활력에 차서 생생하게, 그리고 우아하게 나이 드는 사람들로부터 실로 수많은 지혜를 구할 수 있다.

나에게는 이와 관련된 훌륭한 멘토가 많다. 세상을 떠나기 직전인 팔십대 중반에도 강연 여행을 다녔던 마야 안젤루나 새 프로젝트를 창조하며 세상의 어느 먼 곳으로 떠나 있는 퀸시 존스가 그렇다. 시드니 포이티어Sidney Poitier(미국의 배우 겸 감독. 영화 〈들백합Lillies of the Field〉으로 흑인 최초로 아카데미 주연상을 수상했다. — 옮긴이)는 또 어떤가. 내가 운이 좋아 오래 살 수 있다면 그 사람됨과 행함을 똑 닮고 싶은 사람의 상징인 시드니. 손이 닿는 것은 모두 읽어치운다는 그는, 심지어 여든다섯 살에 자신의 첫 번째 소설을 쓰면서 지식의 영역을 지속해서 넓혀나가고 있다.

확실히 우리는 젊음에 집착하는 문화를 가진 시대에 살고 있다. 젊지 않고 빛나지 않고 '핫'하지 않으면 존재 가치가 없다고 거듭해서 세뇌당하고 있다. 하지만 나는 현실을 왜곡하는 그런 관점을 받아들이기를 거부한다. 또한 결코 내 나이를 속이거나 부정하지 않을 것이다. 그런 행동이 우리 사회를 좀먹고 있는 병리 현상에 이바지하는 셈이 되어버리기 때문이다. 자기 자신과 다른 존재가 되고 싶어 하는 병 말이다.

내가 누구이며, 어떠한 사람인지를 인정해야만 삶의 충만함 속에 깃들 수 있다고 나는 확신한다. 젊은 시절의 나로 머물 수 있다는 환상에 빠지는 사람들은 가엾은 존재들이다. 나 자신을 부정하면서 내게 가장 좋은 삶으로 향하는 길을 걸을 수는 없다. 그 길은 내가 살아가는 모든 순간을 인지하고 지금 머무르고 있는 이곳, 이 순간이 바로 내 것임을 주장함으로써만 걸을 수 있는 길이기 때문이다.

당신은 10년 전과 같은 여성이 아니다. 운이 좋다면 작년의 당신과도 다를 것이다. 나이가 든다는 것의 핵심은 변화다. 우리가 그렇게 하기만 한다면, 살아가는 동안 우리는 미처 모르고 있던 자신에 관한 새로운 것들을 계속 배울 수 있다. 정말로 기뻐할 만한 일이다! 나이가 든다는 것을 찬양하자. 나이 듦을 숭배하자. 내게 복되게 다가올 한 해 한 해의 나이에 나는 감사할 따름이다.

오프라 쇼를 25년 동안이나 하게 되리라고는 전혀 예상하지 못했다. 쇼가 12년째에 들어섰을 때 나는 이제 그만 막을 내릴까 생각하고 있었다. 파티에 너무 늦게까지 머무는 아가씨가 되고 싶지는 않았다. 박수칠 때 떠나지 않았다간 때를 놓칠 수도 있다는 생각에 겁이 났다.

그러다가 나는 영화 〈빌러비드〉를 찍었다. 새로 찾은 자유를 맛보는 해방된 노예에 관한 영화였다. 영화에서 내가 맡은 역할은 일을 바라보는 나의 관점을 바꾸어놓았다. 나의 조상들은 상상조차 할 수 없었던 기회를 내가 얻었는데 어떻게 감히 피곤해하며 오프라 쇼를 그만둘 생각을 하겠는가. 나는 계약을 4년 더 연장했다. 그리고 2년 더 연장했다.

드디어 20주년이 다가왔고, 나는 그날이 오프라 쇼의 마침표를 찍을 시점이라고 거의 확신했다. 매티 스테파넥에게 이메일이 온 것이 바로 그때였다.

매티는 희귀한 형태의 근육 실조증을 앓고 있는 열두 살 소년이었다. 그는 오프라 쇼에 출연해서 자신이 지은 시를 읽어주었고 우리는 바로 친한 벗이 되었다. 우리는 자주 이메일을 주고받았고 가능할 땐 전화 통화를 했다. 그는 나를 웃게 만들었고 때로는 울리기도 했다. 그와 함께 보내는 대부분의 시간에 나는 보다 인간적인 기분이 들었고 현재의 순간을 자각하게 되었다. 아주 작은 것에도 감사할 수 있을 것 같은 기분이 들었다.

매티는 짧은 인생을 살면서 병원을 들락날락하며 너무나 큰 고통을 겪으면서도 불평조차 하지 않는 아이였다. 그래서 그가 말하면 나는 그의 말을 따랐다. 2003년 5월, 오프라 쇼의 막을 내릴 것인가에 대해 필사적으로 고민하고 있을 때 매티가 편지를 보내왔다. 그 아이는 혼자의 힘만으로도 내 생각을 바꿔놓았다.

사랑하는 선생님께

안녕하세요? 저예요, 매티. 선생님의 친구 매티요. 요즘 전 메모리 얼데이 즈음에 집에 가고 싶어서 기도하는 중이에요. 확실한 건 아니어서 몇 사람을 제외하고는 아직 알려진 않았어요. 제가 집에 가려고 할 때마다 일이 생기는 것 같거든요. 의사 선생님은 저를 고쳐주지는 못하지만 제가 집에 가야 한다는 데는 동의하세요. 앗! 걱정하실 필요는 없어요. 집에 가서 죽음을 맞이할 거라든가 그런 거 아니니까요. 제가 집에 가는 건 여기선 더는 할 수 있는 게 없기 때문이에요. 제가 만약 치유된다면 그건 제가 치유될 운명이었기 때문이고, 낫지 않는다 해도 제가 나누고자 하는 메시지는 이미 다 말했으니 이제 하늘나라에 갈 시간이 오는 거겠죠. 솔직히 메시지 전송자로 조금만 더 활약했으면 하지만 그건 이제 신의 손에 달려 있어요. 아무튼…… 지금은 일주일에 한 번 정도만 수혈하게 되어서 그건 나아졌어요. 조금 이상하게 들릴지도 모르겠지만 제가 너무나 많은 분께 피와 혈소판을 나눠 받았다는 거요. 그건 진짜 멋진 일인 것 같아요. 제가 이 세상과 연결된 느낌이라고 할까요? 자랑스러운 일이에요.

선생님이 오프라 쇼 20주년 기념일을 마지막으로 쇼를 접으실 계획이란 걸 알아요. 그런데 25주년 기념일까지 기다리셔야 한다는 게 제 의견이에요. 그 이유를 말씀드릴게요. 25주년이 훨씬 더 말이 되는 게, 제가 약간 강박장애가 있는데요…… 25가 완벽한 숫자더라고요. 완벽한 제곱수고 무언가의 4분의 1을 뜻하기도 하죠(1/4=0.25). 숫자 20처럼 그저 5분의 1에 그치는 게 아니에요. 그리고 제가 25란 숫자를 생각해볼 때, 특히 은퇴라든가, 무언가의 완성이란 측면에서 그 숫자를 생각하면 무슨 이유에선지 제

머릿속이 찬란한 색채와 되살아나는 생명력으로 가득 차요. 이상하게 들리겠지만 진실이에요. 선생님은 이미 너무나 많은 측면에서 역사적인 인물이세요. 멋지고 아름다운 일을 많이 하셨어요. 이왕 그렇게 된 김에 역사에 더 큰 발자취를 남겨보는 건 어떠세요? 오프라 쇼에는 대단한 존엄성이 있어요. 그런 쇼로 사반세기 동안 정말 많은 사람에게 감동을 주고 영감을 불러일으키는 거예요! 생각할 시간을 좀 드릴게요. 그리고 이것도 제 의견에 불과하지만, 저는 때때로 이런저런 것에 대해서 감이 올 때가 있는데 이일에 관해서도 감을 느꼈어요. 오프라 쇼를 더 오래 하신다면 세상을 위해서도 좋고, 선생님을 위해서도 좋을 거 같아요.

저는 선생님을 사랑해요. 선생님도 저를 사랑하시죠?

매티 올림

나를 잘 아는 사람이라면 나 또한 '때때로 이런저런 것에 대해서 감이 오는' 사람임을 알 것이다. 내가 우리 시대를 위한 전령이라고 생각하는 이 천사 소년에게 주의를 기울여야 한다는 직감이 강하게 왔다.

2003년의 나는 오프라 쇼로 대변되는 내 삶의 한 부분을 닫을 감정적이며 영적인 준비가 되어 있지 않았다는 사실을 매티는 명백하게 느끼고 있었던 것이다.

마침내 인생의 다음 장을 펼칠 준비가 되었을 때 나는 후회 없이 전진했다. 나와 함께 머문 것은 오로지 은혜와 감사뿐. 그리고 나는 확실히 안다. 천국이 어디에 있든 그곳에는 매티가 있으리라.(매티는 만 14세 생일이 한 달 앞으로 다가온 2004년 6월에 세상을 떴다. — 옮긴이)

날씨는 상관없다. 비가 오든, 안개가 짙든, 구름이 끼었든, 화창한 날이든 새로운 날을 처음 만나기 위해 매일 아침 커튼을 열어젖힐 때마다 나의 마음은 감사함으로 부푼다. 한 번 더 오늘을 살 기회를 얻은 것이 참으로 고맙다.

좋은 시절과 나쁜 시절을 다 맛보면서 내가 확실히 알게 된 것이 있다면, 우리에게 주어진 이 삶이 선물이라는 사실이다. 그리고 우리를 웃고 울리며 슬프게 하고 소망하게 하는 것들, 즉 자신에게 정말 중요한 의미를 지닌 것들에 대해서라면, 사는 곳이나 외모나 직업에 상관없이 사람들은 모두 같은 마음의 공간을 가지고 있다고 나는 믿는다. 그저 그 공간에 채우는 것들이 각자 다를 뿐이다. 나는 내가 가장 좋아하는 열다섯 가지 것들로 내 마음의 공간을 채운다.

1. 정원에 채소 심기
2. 일요일 아침에 스테드먼을 위해 블루베리 레몬 핫케이크 굽기. 그는 언제나 어김없이 일곱 살 소년처럼 기뻐한다.

3. 개들의 목줄을 풀고 앞뜰에서 신나게 함께 뛰어놀기

4. 비 오는 날, 대기에 어린 서늘함, 벽난로에서 활활 타오르는
   장작불

5. 정원에서 채소 수확하기

6. 훌륭한 한 권의 책

7. 이 세상에서 내가 가장 좋아하는 곳, 우리 집 참나무 그늘 아
   래에서 책 읽기

8. 정원에서 딴 채소로 요리하기

9. 내 몸이 스스로 깨어날 때까지 실컷 자기

10. 진짜 트위터, 즉 새들이 지저귀는 소리에 깨어나기

11. 숨을 몰아쉬어야 할 정도의 강한 강도로 운동하기

12. 정원에서 딴 채소 먹기

13. 그저 가만히 있기

14. 침묵을 감싸안기

15. 매일 감사하고, 내가 받은 축복을 가늠하면서 내 삶을 축복
    하기

5장

가능성

Possibility

———————————— 🐌 ————————————

"날아올라라, 정기를 들이마시고, 이제껏 드러나지 않은 것을 보라.
떠나라, 헤매어라, 하지만 위로 오르라."

– 에드나 세인트 빈센트 밀레이(미국의 시인이자 극작가)

어떻게 하면 나의 잠재력을 더 강하게 발현할 수 있을까? 지금
도 나는 나에게 이런 질문을 하곤 한다. 삶의 다음 단계에 대
해 곰곰이 생각할 때는 특히 더 그렇다.

내가 가져본 어떤 직업에서도, 그리고 내가 살아본 어떤 도
시에서도 나는 내가 그곳에서 최대한 성장했다고 느끼면 다른
곳으로 옮겨가야 할 때가 왔음을 알았다. 때때로 그런 결정을
내리기가 너무나 두려웠지만, 그 두려움을 무릅쓰고 달달 떨
리는 무릎으로 밖으로 나서는 것이 용기의 진정한 의미라는 것
을 배울 수 있었다. 대담하게 행동하는 것이 우주가 나를 위해
준비해놓고 있는 가장 위대한 비전을 향해 나아가는 유일한 방
법이다. 두려움은 나의 허락 아래 나를 꼼짝 못하게 묶을 것이
고, 나를 손아귀에 넣고 내가 절대 '최고의 나'가 되지 못하도
록 막아설 것이다.

확신하건대, 당신이 가장 두려워하는 것에는 아무런 힘이 없다. 그것이 무엇이든 마찬가지다. 힘을 가진 것은 당신이 품은 두려움 그 자체다. 두려움의 대상은 나를 건드릴 수 없지만, 내가 품은 두려움은 내게서 삶을 앗아갈 수 있다. 두려움에 질 때마다 우리는 힘을 잃고, 두려움은 반대로 힘을 얻는다. 그렇기 때문에 우리 앞에 펼쳐진 길이 아무리 험난하다 해도, 초조함을 뒤로하고 계속 발걸음을 내딛겠다고 굳게 마음먹어야 한다.

몇 년 전, 나는 매일 일기를 쓸 때마다 같은 질문을 적곤 했다. "나는 무엇이 두려운 걸까?" 외부적으로는 용감하게 사는 것처럼 보였을 테지만 내적으로는 거의 닫힌 상태에서 살았다는 사실을 나는 시간이 흐르며 깨달았다. 내가 사람들에게 '노'라고 하면 그들이 나를 거부할까봐 겁이 났다. 내가 행하고, 생각하고, 느끼고, 말한 모든 것, 심지어는 내가 먹은 음식마저도 그 두려움과 맞닿아 있었다. 두려움은 나 자신이 진정 어떤 사람인지를 알아차리지 못하게 막았고, 두려움이 그런 행패를 부리도록 허락한 것은 바로 나였다.

닥터 필(미국의 토크쇼인 〈닥터 필 쇼〉의 진행자인 필 맥그로 박사 — 옮긴이)이 자주 하는 말처럼, 먼저 문제를 인정하지 않는

한 우리는 그것을 해결할 수 없다. 솔직히 인정하자면, 두려움에 도전하고 자신에 대해 가지고 있던 인식을 바꿀 시도를 하기 전까지 나는 언제나 겁이 났다. 두려움은 나를 마치 노예처럼 부렸다. 종교작가 닐 도널드 월시Neale Donald Walsch는 이렇게 말했다. "다른 사람들이 당신에 대해 어떻게 생각하는지를 걱정하는 한, 당신은 그들에게 소유된 셈입니다. 외부의 승인을 필요로 하지 않게 될 때 비로소 당신은 스스로의 주인이 될 수 있습니다."

용기를 끌어 모아 남의 생각이 아닌 자신을 위해 표를 던질 때, 감히 한 발짝 앞으로 나와 목소리를 높이고 자신을 바꿀 때, 또는 그저 사람들이 생각하는 상식의 범주에서 벗어나는 행동을 할 때, 그 결과가 항상 산뜻하지는 않을 것이다. 난관에 부닥치고 넘어지기도 할 것이다. 당신더러 제정신이 아니라고 하는 사람도 있을 것이다. 때로는 온 세상이 들고 일어나 당신은 당신이 원하는 그런 사람이 될 수 없고 그런 일을 할 수 없다고 외치려는 것처럼 느껴질 것이다.(누군가가 자기들이 예상한 바를 뛰어넘으려 하면 사람들은 기분 나빠한다.) 그리고 나약해지는 순간 기다렸다는 듯이 두려움이 치솟거나 의심스러운 마음이 생겨나 당신을 비틀거리게 할 수도 있다. 기진맥진해

다 때려치우고 싶을 수 있다. 하지만 포기한다면 그 결과는 더 끔찍하다. 때때로 당신은 끔찍한 고착 상태에 몇 년씩 갇혀 있게 될지도 모르며, 너무나 많은 날을 후회에 몸부림치며 살 수도 있다. '다른 사람들이 나를 어떻게 생각하는지 신경 쓰지 않고 살았더라면 과연 내 삶은 어땠을까?' 하고 언제나 궁금해하며 살지 모른다.

지금 당장, 두려움이 당신 앞을 막아서는 것을 거부하면 어떻게 될까? 두려움과 함께 사는 법, 즉 당신의 앞을 막는 두려움의 물살에 휩쓸리기보다는 그 물결을 타는 법을 배워서 예전엔 가능하리라고 생각조차 해본 적 없는 높은 곳으로 올라가게 된다면 어떨까? '당신에게는 이게 필요해, 저게 필요해'라며 다른 사람들이 강요하는 것들을 뿌리치는 즐거움을 발견하고, 마침내 당신이 필요한 것에 스스로 주의를 기울이게 될지도 모른다. 당신은 자기 자신을 제외한 다른 사람들에게 아무것도 증명할 필요가 없다. 그것이 바로 당신이 궁극적으로 배워야 하는 교훈이다. 두려움 없이 산다는 것, 그리고 최고의 삶을 향해 계속 나아간다는 것의 진정한 의미다.

용기란 우리가 목표에 이르렀는가로 가늠되지 않는다. 숱하게 실패를 했더라도 그에 아랑곳없이 다시 두 발을 딛고 일어서기로 했는지가 용기를 가늠하는 진정한 기준이다.

우리가 다시 일어나 자신이 품은 가장 멋진 꿈을 추구할 용기를 낸다면 삶의 가장 진한 보상을 받고 가장 흥미진진한 모험을 즐길 수 있게 된다는 걸 나는 확실히 알고 있다. 쉽지만은 않겠지만 말이다.

당신이 지금 어디에 있더라도 새로운 시작은 아주 가까이에 있다. 단 하나의 선택, 즉 다시 일어나겠다는 선택만 한다면 당신은 바로 새롭게 시작할 수 있다. 새로운 시작은 그렇게 당신 곁에 가까이 있다. 정말로 멋진 진실이 아닌가.

지금 내 삶의 모양새를 형성하는 데 결정적 영향을 끼친 사건이 몇 가지 있다. 그중 하나는 초등학교 3학년 때였다. 어느 날, 선생님이 내가 제출한 독후감을 칭찬하자 같은 반 친구들이 속삭이듯 구시렁댔다. "쟤는 자기가 되게 똑똑한 줄 알아." 그 일이 있은 후 아주 오랫동안, 나의 가장 큰 두려움은 다른 사람들이 나를 거만하다고 생각하는 것이었다. 어찌 보면 내 과체중조차도 내가 세상에 하는 일종의 사과였다. "내 말이 맞죠? 정말로 내가 여러분보다 더 낫다고 생각 안 한다니까요." 나는 이런저런 일을 하며 절대 으스대는 것처럼 보이고 싶지 않았다.

대부분의 여성은 소녀 시절부터 칭찬을 사양해야 한다고 배운다. 자신이 성취한 것에 대해 미안해 하고, 탁월함을 드러내는 대신 수면 아래에 숨어 가족이나 친구들과 같은 처지에 머무르려 한다. 운전석에 앉기를 간절히 원하면서도 조수석에 앉는 것으로 타협한다. 그 때문에 너무나 많은 여성이 성인이 되면 자신이 발하는 빛을 가린다. 열정과 목적의식으로 가득 찬 최고의 나를 세상에 내놓기보다는 비판하는 사람들을 잠재우려 노력하며 자기 자신을 비워버린다.

진실은 이렇다. 우리에게 부정적인 말을 하는 사람들을 피할 수는 없으며, 그들은 결코 완전히 만족하는 법도 없다. 그들은 스스로 충분하다고 믿지 못하기 때문에 무언가에 항상 위협을 느낀다. 당신이 숨어 있건 빛나건 상관없다. 그러니 그런 이들에게 주의를 기울이는 일은 이제 그만두자. 자신의 일부를 억압하거나 다른 이가 당신을 비하하는 것을 그냥 놔두는 것은 창조주가 당신에게 건네준 당신에 대한 사용설명서를 무시하는 것이다. 내가 확실히 아는 것은, 우리는 몸을 줄여서 작아지도록 설계된 것이 아니라 더 활짝 피어나도록 만들어졌다. 더 뛰어나게. 그리고 더 비범하게. 당신은 자신을 가득 채우기 위해 모든 순간을 사용하도록 지어진 존재다.

1989년에 나는 게리 주커브^{Gary Zukav}의 『영혼의 의자^{The Seat of the Soul}』에서 다음과 같은 구절을 읽었다.

> 모든 행위와 생각, 감정은 의도에 의해 생겨난다. 그리고 그 의도는 원인이 되어, 결과와 함께 하나로 존재하게 된다. 우리가 원인을 일으키는 데 관여하는 한 그 결과의 영향으로부터 벗어날 방법은 없다. 이렇듯 매우 깊고 오묘한 원리로 우리는 자신의 모든 행위와 생각, 감정에 책임을 지게 된다. 바꿔 말하면, 우리는 자신이 품은 모든 의도에 대해 책임을 지게 되는 것이다. 그러므로 우리의 경험을 특징짓는 많은 의도에 대해 인지하고, 어떤 의도가 어떤 결과를 낳는지에 대해 정리하고 분류한 다음, 우리가 이루고자 소망하는 결과에 맞춰 의도를 선택하는 것이 현명하다.

나의 삶을 송두리째 바꿔놓은 구절이었다. 내 인생의 책임이 나에게 있다는 것, 모든 선택은 그에 따른 결과를 낳는다는 것을 나는 오랫동안 잘 알고 있었다. 하지만 종종 그 결과가 내

기대와는 너무나 어긋난 것처럼 보이기도 했다.

내가 어떤 것을 '예상'했지만, 결과적으로는 그와 다른 것을 '의도'했기 때문에 벌어진 현상이었다. 예를 들면, 나의 의도는 언제나 다른 사람들을 기쁘게 하고자 노력하는 것이었지만 그것은 내가 원하지 않았던 결과를 낳았다. 내가 노력할수록 사람들이 나의 선의를 악용하고 나를 이용한다는 느낌을 자주 받았고 그들은 내게서 점점 더 많은 것을 기대했다.

나는 의도의 원칙을 알고 나서, 문제는 다른 사람이 아닌 바로 나에게 있었음을 알게 되었다. 자신의 진실한 내면에서 우러나는 일만 하겠다고 결심했건만, 실제로는 남들을 위해 그일을 하면 내 기분이 좋아질 것 같은 일을 했을 따름이었다.

내가 확실히 아는 것이 있다면, 지금 당신의 상황이 어찌 되었든 그 상황이 만들어진 데 큰 역할을 한 것은 바로 당신이라는 점이다. 우리는 살면서 겪는 모든 경험, 즉 생각 하나하나와 선택 하나하나를 통해 우리의 인생을 만들어간다. 그리고 그러한 생각과 선택 밑에 깔려 있는 것이 우리의 가장 은밀한 의도다. 그렇기 때문에 나는 어떤 상황에 부닥치더라도 결정을 내리기 전에 먼저 나 자신에게 한 가지 중요한 질문을 던진다. '이일을 하려는 나의 진정한 의도가 무엇인가?'

『영혼의 의자』에서 앞의 구절을 읽은 뒤로, 나는 그 질문에 대한 대답을 찾아내는 것이 나를 인도해주는 빛이 될 거라는 걸 거듭 확인하였다. 그 반대 또한 옳다. 자신의 진실한 의도를 점검하지 않으면 종종 자기 발전을 저해하는 결과를 맞게 된다.

헤어져야 마땅해 보이건만 여전히 부부관계를 유지하고 있는 사람들을 나는 너무도 많이 보았다. 그들의 의도는 충만한 삶을 사는 것이 아닌, 단지 결혼한 상태로 남아 있는 것이었다. 그리고 그 결과로 그들은 둘만의 친밀함도, 성장도, 강인한 삶의 건설도 없는 그런 무의미한 관계에 놓이게 된다.

삶에 발이 묶여 옴짝달싹 못하겠는가? 그럼에도 앞으로 나아가고 싶은가? 그렇다면 과거에 한 행동의 동기를 점검하는 일부터 시작해보자. 무엇보다도 자세히 살펴보아야 한다. 가장 진실한 의도는 종종 그늘에 숨어 있음을 나는 배웠다. 스스로 물어보자. 나의 의도가 어떻게 내가 지금 겪고 있는 경험을 낳은 것일까? 내가 의도를 바꾼다면, 다른 어떠한 결과를 창조하게 될까? 자신의 정체성을 존중하는 선택을 한다면 당신은 자신이 의도한 바로 그 결과를 얻게 될 것이다. 당신의 가장 위대한 잠재력에 도달할 기회를 얻게 될 것이다.

나는 언제나 돈과는 아주 좋은 관계를 맺어왔다. 심지어 관계를 맺을 돈이 거의 없을 때조차도 그랬다. 돈이 부족할까봐 두려워한 적도, 내가 소유한 것에 대해 집착한 적도 없다. 대부분의 사람과 마찬가지로 나도 이제껏 번 봉급의 액수를 모두 기억한다. 봉급이란 것이 우리가 제공하는 노동의 가치를 정의하는 데 일조하기 때문이 아닌가 싶다. 불행히도 오로지 봉급만으로 자신의 가치를 매기는 사람도 있다.

　나 자신과 내 봉급이 같지 않다는 걸 처음 깨달은 건 열다섯 살 때였다. 나는 애슈버리 부인의 말썽꾸러기 꼬마들을 돌보고 그녀가 외출한 후 침실 뒷정리를 하는 대가로 시간당 50센트를 받았다. 부인은 외출복을 고를 때마다 가진 옷을 다 끄집어내는 편이어서, 여러 켤레의 신발들과 화려한 색깔의 목걸이와 옷가지가 사방에 널려 있는 모습이 마치 할인판매가 막 끝난 백화점을 연상케 했다. 문 밖으로 튀어 나가기 직전(어디에 가는지, 연락하려면 어떻게 해야 하는지에 대한 어떤 정보도 남기지 않은 채) 그녀는 이렇게 말하곤 했다. "아, 얘, 그런데 말이야, 여기 좀 '정리'해 달라고 하면 기분 상하겠니?" 그걸 꼭 물어봐야 아나? 당연히 기분이 상했다. 하지만 나는 그녀의 침실뿐 아니라 아이들 방까지 치웠고, 내가 아주 정리를 잘해 놓은 모습을 보면 분명히 돈을 더 줄 것이라고 기대했다. 하지만 그런 일은 절대 없었다. 그래서 나는 그 일을 그만두고 돈을 더 줄 일자리를 찾아다녔다. 나의 노력이 정당한 평가를 받을 곳이 필요했다.

우리 아버지의 가게에서 그리 멀리 떨어지지 않은 곳에 있는 싸구려 잡화점에 자리가 났고, 나는 시간당 1달러 50센트로 고용되었다. 내 업무는 물건을 정돈하고 상품이 빠지면 선반에 다시 채워 넣거나 양말을 개키는 것이었다. 계산대에서 일하거나 손님에게 말을 거는 것은 금물이었다. 나는 그 일이 너무 싫었다. 일을 시작한 지 두 시간째가 되었을 때, 나는 점심시간까지 몇 분이나 남았는지를 세기 시작했고, 점심시간 후에는 퇴근까지 남은 시간을 재고 있었다. 겨우 열다섯 살짜리 소녀에 불과했지만 나는 이렇게 살거나 이런 일로 돈을 버는 게 나와는 맞지 않는다는 걸 온 영혼으로 느꼈다. 지금까지의 내 인생을 통틀어 그 일만큼 지루한 일을 해본 적이 없을 정도였다. 그래서 3일 후 나는 가게를 그만두고 아버지의 가게로 일하러 나갔다. 이번엔 무급이었다. 거기서 일하는 것도 썩 좋은 건 아니었지만, 적어도 사람들과 말을 섞을 수 있었고 시간이 지날수록 몸이 땅으로 꺼지는 것 같은 기분에 빠지지도 않았다. 그렇다 해도 아버지의 가게가 내 미래의 일부가 될 수는 없었다. 아버지가 아무리 원해도 소용없었다.

열일곱이 되었을 무렵, 나는 라디오 방송국에서 일하며 주당 100달러를 벌고 있었다. 내가 돈을 버는 것에 대해 나름의 기준을 세우게 된 것이 그때였다. 라디오 일을 처음 시작했을 때, 나는 '이 일이 정말 좋아! 이런 일이라면 돈을 안 주더라도 매일 제시간에, 행복한 마음으로 올 수 있겠어'라고 느꼈고, 그 감정이 좋았기에 앞으로도 그런 감정을 느낄 수 있는 일만을 해야겠다고 결심했다.

자기가 사랑하는 일을 하면서 돈을 받을 때 그것은 모두 보너스나 마찬가지다. 내가 지금 확실히 알고 있는 이 교훈은 라디오에서 일하던 그 시절에 싹튼 것이었다. 당신도 자신에게 평생 동안 보너스를 주는 건 어떨까? 우리의 열정을 추구하고 우리가 사랑하는 것이 무엇인지 발견해내자. 그리고 그 일을 하자!

나는 한 번도 '급류 타기'나 '번지점프'를 즐기는 부류였던 적이 없다. 내게 모험이란 다른 것을 뜻한다. 우리 삶의 가장 중요한 모험이 제일 높은 봉우리를 오르거나 두 발로 걸어서 세계를 여행하는 것일 필요는 없다는 걸 나는 확실히 알고 있다. 우리가 즐길 수 있는 가장 흥분되는 모험은 바로 자기가 꿈꾸는 인생을 사는 것이다.

여러 해에 걸쳐 나는 주변 상황과 다른 사람들의 이해에 자신을 맞추기 위해 가장 깊은 소망을 유보한 채 살아가는 수많은 여성과 이야기해왔다. 어쩌면 당신도 비슷한 경우일지 모르겠다. 당신은 '네가 무엇을 하고 살아야 하는지 너도 알잖아. 이제 그걸 해보면 어때?'라며 옆구리를 쿡쿡 찔러오는 느낌을 무시하며 살아간다. 그 속삭임은 때때로 공허함이나 안절부절 못하겠는 기분으로 우리를 찾아오곤 한다. 어쩔 수 없다며 상황을 합리화하기는 아주 쉽다. 나도 당신의 처지를 충분히 이해한다. 당신의 배우자와 자녀들은 당신이 필요하고, 당신을 비참하게 만드는(당신도 인정하다시피) 그 일에는 엄청난 시간이 든다. 하지만 충만함이 없는, 만족스럽지 못한 일을 열심히 하다 보면 결국 무슨 일이 생길까? 그것은 당신의 영혼을 고갈시킨다. 그리고 당신의 생명력을 앗아간다. 결국 당신의 에너지는 바닥이 나고 우울해지며 화가 나게 된다.

당신은 그 길에서 하루도 더 시간을 낭비할 이유가 없다. 당신은 다시 시작할 수 있다. 새로운 출발은 자신의 내면을 바라보면서 시작된다. 당신의 주의를 산만하게 하는 것들을 쳐내고 이제껏 무시해왔던 내면의 속삭임에 주의를 기울여보자. 바깥 일이 매우 혼란스럽고 스트레스가 쌓인 때일수록 자신의 내면에 들어가기 위해서는 마음을 조용히 가라앉혀야 한다. 내면의 본질적 영혼이 이끄는 곳에 닿을 수 있는 유일한 길은 그것뿐이다.

오래전, 볼티모어의 WJZ 방송국에서 일하는 젊은 기자였던 나는 소위 '알토란 같은' 일로 여겨지던 프로젝트를 맡게 되었다. TV 연예인 두세 명을 인터뷰하기 위해 로스앤젤레스에 파견된 것이다.

처음엔 정말 짜릿했다. 나의 탁월한 인터뷰 실력을 증명할 때가 온 것이다. 항상 같이 일하던 동료 앵커의 도움 없이 나 혼자 하는 단독 프로젝트! 게다가 나의 경력 리스트에 명사들의 도장을 쾅쾅 찍을 기회였다. 하지만 신나던 기분은 캘리포니아에 도착했을 즈음에는 달라졌다. 내가 할리우드라는 거대한 어항 속에 빠진 피라미처럼 느껴졌고 급기야 자신을 의심하기 시작했다. '내가 뭐라고 저들의 세계에 들어가서 저들이 나한테 말을 할 거라고 생각한담?' 전국에서 많은 기자가 초대된 행사였다. 지역방송 뉴스 방송인과 연예 및 생활 분야 기자들은 새 TV 시즌에 방영될 프로그램에 출연하는 배우를 한 명당 5분 동안 인터뷰할 수 있었다. 속이 울렁거리기 시작했다. 뭔가 어색했고 내가 무능하다는 느낌이 들었다. 모두 볼티모어보다 훨씬 더 큰 도시에서 온, 나보다 경험이 많은 기자들이었고 그들 사이에 낄 만큼 나는 내 실력이 좋지 않다는 생각이 들었다.

설상가상으로 새로 사회를 맡은 프로그램의 홍보차 와 있던 프리실라 프레슬리(엘비스 프레슬리의 첫 번째 부인으로 후에 이혼했다. 이 인터뷰를 하기 몇 년 전에 엘비스 프레슬리는 사망했다. ― 옮긴이)의 매니저는 내게 이렇게 말했다. "아무 질문이나 해도 되지만 엘비스에 대해선 언급하지 마세요. 그러면 프리실라가 인터뷰 도중에 나가버릴 겁니다." 나는 그녀와 만날 열한 번째 방송인이었다. 소위 '스타'들과 그들을 보조하는 사람들의 낯선 세계에 겁을 잔뜩 집어먹은 것도 모자라, 나는 이제 완전히 억압당하는 느낌이었다.

나는 열아홉 살 때부터 TV 기자로 일했다. 어려운 상황 속에서도 수백 명의 사람을 인터뷰해왔고 사람들과 쉽게 친해져서 유대감을 쌓는 내 능력에 자부심이 있었다. 하지만 나는 진짜 스타들은 익숙하지 않았다. 그들에겐 신비로운 분위기가 있는 것만 같았다. 유명세 덕인지 우리 같은 일반인들과는 뭔가 달라 보였고 더 나아 보였다고 할까? 게다가 가장 묻고 싶은 것들은 대부분 질문하는 것조차 금지라, 나는 5분이라는 짧은 시간 내에 어떻게 원하는 대답을 받아낼 것인지 골머리를 썩이고 있었다.

다음에 벌어진 일에 대해 누군가는 우연이라고 하겠지만 나는 하늘의 뜻이 작용했다고 말하고 싶다. 무슨 이유에선지 나는 프리실라 프레슬리의 인터뷰 줄에서 빠져나와 〈모크 앤 민디〉라는 새 시트콤 드라마에 출연하는 젊은 코미디언을 인터뷰하게 되었다. 내가 인터뷰한 5분 중 가장 유쾌하며 미친 것 같고 정신이 홀라당 나간 듯한 5분이었다. 그날 내가 인터뷰한 젊은 코미디언은 내가 만나본 모든 명사뿐 아니라 인간 전체를 통틀어 가장 고삐 풀린 말 같은, 기발하며 언제 어디로 튈지 모르는 공 같은 사람이었다.

그날 내가 무슨 말을 했는지는 전혀 기억이 나지 않는다.(거의 입을 다물고 있기는 했다.) 그는 에너지가 분출하는 샘 같았다. '아직은 누군지 잘은 모르겠지만 곧 엄청나게 뜨겠어'라고 생각하던 게 기억난다. 그는 자기가 지닌 여러 가지 다른 모습을 두려워하지 않았다. 그날 내가 인터뷰한 젊은 코미디언은 바로 로빈 윌리엄스였다. 그와 어울리는 것은 너무나 재미있었고, 그 순간 나는 인터뷰가 흘러가는 곳으로 그저 따라가는 법을 배웠다. 그는 사방팔방으로 튀고 있었고 나는 그 흐름을 따라야 했다.

프리실라 프레슬리를 만날 차례가 되었을 무렵엔 나는 이미 그로부터 확실히 교훈을 배운 후였다. 자신을 억누르면 가치 있는 것을 성취할 수 없다는 교훈이었다.

그래서 나는 엘비스에 관해 물었다. 프리실라는 나를 두고 자리를 뜨지 않았다. 오히려, 고맙게도 대답을 해주기까지 했다.

인생이 당신에게 다른 아무것도 가르쳐주지 않는다 해도 이것만은 명심하자. 기회가 오면 그것을 잡아라.

인생에서 내가 저지른 가장 큰 실수들은 언제나 내가 다른 이에게 나의 힘을 주었을 때 일어났다. 나는 다른 사람이 내게 주는 사랑이 내가 나에게 주는 사랑보다 중요하다고 믿었다. 내 나이 스물아홉 살 때 거짓말과 책략에 바탕을 둔 관계를 겪었던 기억이 난다. 어느 날, 나는 저녁 내내 '남자 친구님'을 기다리고 있었다. 하지만 그는 나를 바람맞혔고 결국 약속시각보다 몇 시간이나 늦게 도착했다. 나는 용기를 내어 그에게 늦은 이유를 물었다. 그때 그가 문가에 서서 퍼부은 말을 나는 아직도 기억한다. "네 문제가 뭔지 알아? 너는 자기가 특별하다고 생각한다는 게 문제야." 그 말과 함께 그는 몸을 돌려 내 코앞에서 문을 쾅 닫고 떠났다. 나는 무릎을 꿇고 그를 향해 손을 뻗으며 울었다. 그렇게 바닥을 쳤다.

나는 사촌 앨리스가 남자 친구로부터 줄곧 신체적 학대에 시달리는 것을 보면서, 나만은 절대 그런 취급은 당하지 않으리라 맹세했다. 하지만 남자 친구가 나를 버리고 떠난 후 화장실 바닥에 앉아 있자니 모든 것이 아주 뚜렷해졌다. 앨리스와 나

사이에 존재하는 유일한 차이점은 내가 남자에게 얻어맞지 않았다는 것뿐이었다. 내 남자 친구는 틀렸다. 나는 내가 특별하다고 생각하지 않았다. 바로 그것이 문제였다. 왜 나는 이런 식으로 취급받는 것을 거부하지 못했을까?

이러한 깨달음에도 불구하고 그 관계를 끝내는 데는 1년이 더 걸렸다. 나는 상황이 좋아지기를, 그가 변하기를 바라며 계속 기도했다. 그러나 그는 변하지 않았다. 그래서 나는 이 관계를 끝낼 힘을 주십사 하고 기도하기 시작했다. 나는 기도를 하고 기분이 나아지기를 기다렸다. 기다리고, 또 기다렸다. 내 낡은 행동 양식을 되풀이하면서 계속 기다렸다.

어느 날 문득 깨달음이 찾아올 때까지 그 모양이었다. 내가 신을 기다리고 있는 동안, 신은 나를 기다리고 계셨다. 내가 나를 위해 준비된 삶을 살아갈 것인지, 아니면 현재의 삶에 질식당할 것인지 결정을 내리기를 신께서는 기다리고 계셨다. 이윽고 나는 내 모습 그대로가 괜찮다는 진실을 발견했다. 나 혼자로도 전적으로 충분했다.

그 발견은 나름의 기적을 불러왔다. 그즈음에 시카고에서 토크쇼의 오디션을 보라는 전화가 걸려온 것이다. 내가 그 관계에 여전히 엉킨 채 머물렀다면, 지금 내가 아는 나의 인생은 결코 일어나지 않았을 것이다.

당신 인생의 진실은 무엇인가? 그것을 아는 것이 당신의 의무다.

진실을 찾아내기 위해서는 그것이 어떤 느낌인지 알아야 한다. 진실이란 옳고 좋으며 사랑이 넘치는 느낌이다.(사랑은 아프지 않다. 스물아홉 살 이후로 나는 그것을 배웠다. 사랑은 정말, 정말 느낌이 좋다.) 진실은 당신이 하루하루를 솔직하고 성실하게 살도록 해준다.

당신이 행하고 입 밖에 내는 모든 것이 당신 주위의 세상을 보여준다. 그것이 진실이 되게 하라.

'선택은 언제나 내가 하겠다'고 결정한 그 순간을 나는 결코 잊지 못할 것이다. 그날 내가 어떤 옷을 입고 있었는지(파란색 터틀넥 상의에 검은색 바지를 입고 있었다), 어디에 앉아 있었는지(직장 상사의 사무실 의자에 앉아 있었다), 의자가 어떤 모양이었고 어떤 느낌이었는지(갈색 페이즐리 무늬의 의자는 너무 깊숙했고 쿠션은 지나치게 빵빵했다) 모두 기억난다. 내가 일하던 볼티모어 TV 채널의 국장이 한 말도 기억난다. "자네가 시카고에서 성공할 가능성은 전혀 없어. 눈 뜨고 지뢰밭으로 들어가는 격이야. 경력을 다 망치고 싶나?"

상사는 나를 볼티모어에 붙잡아두기 위해 자신이 생각해낼 수 있는 모든 전술을 다 이용했다. 봉급 인상, 전용 회사 차량에 새 아파트 등등. 마지막으로는 나를 협박하기까지 했다. "자네는 분명히 실패할 거야."

당시에는 상사의 말이 옳은지 그른지 알지 못했다. 성공을 확신할 만큼 자신감에 차 있는 것도 아니었다. 하지만 나는 가지고 있는 배짱을 간신히 끌어모아 그에게 말했다. "국장님 말씀이 옳아요. 저는 성공하지 못할 수도 있고 지뢰밭으로 걸어 들어가고 있는 걸지도 몰라요. 하지만 어떻게든 제가 살아남는다면 적어도 계속 성장은 하겠죠." 그러고 나서 나는 일어서서 사무실 밖으로 걸어 나왔다.

그 순간 내가 선택한 것은 행복이었다. 두려워하지 않고 앞으로 나아가겠다고 결심했기 때문에 영원히 매일 나와 함께 하며 끝없이 지속되는 행복 말이다.

안전하기를 바랐다면 볼티모어에 머무르는 것이 답이었을 것이다. 하지만 내가 그곳에 남도록 상사가 나를 설득하게 내버려 둔다면, 내가 자신에 대해 영원히 실망하게 될 것임을 상사의 사무실에 앉아 있던 순간 깨달았다. 아마도 그때 다른 결정을 내렸다면 어땠을까 하고 살면서 항상 궁금해 했을 것이다. 그 날의 그 선택은 내 삶의 궤도를 바꿔놓았다.

나는 지금 내가 전념하고자 하는 모든 것들 — 나의 일과 동료, 나의 가정, 매 순간 내가 들이쉬는 자유와 평화의 공기에 대한 감사함 — 에 대한 정열을 연료 삼아서 유쾌하게 고양된 만족감(내가 내리는 행복의 정의다) 속에서 살고 있다. 지금 내가 느끼는 행복이 스스로 내린 선택을 통해 나 자신이 불러온 결과임을 확실히 알기에, 이 모든 것이 더 달콤할 뿐이다.

시간은 덧없이 짧다. 자녀를 둔 부모들은 누구보다도 이 사실을 뚜렷이 느낄 것이다. 아이들이 계속 자라나고 있으니 말이다. 내 생각에는 우리가 가져야 하는 목표가 바로 그것이다. 낡은 나로부터 계속 자라나서 가능한 한 최고의 인생으로 진화하는 것.

십대 시절에 이미 나는 무언가 더 큰 것이 나를 기다리고 있다는 사실을 내 안 깊은 곳에서 감지하고 있었다. 더 크게 된다는 것은 부를 쌓거나 유명세를 뜻하는 것이 아니었다. 지금보다 더 나은 내가 되고자 계속 노력하며 내가 하는 일의 모든 측면에서 탁월함을 발휘할 수 있도록 자신에게 끊임없이 도전하는 것을 뜻했다.

확신하건대, 그러한 과정을 목표로 삼는 이들에게만 그들이 꿈꾸는 삶이 뒤따른다. 그러한 노력이 부나 명성으로 이어지는 것은 아니다. 실로, 꿈이란 것은 물질적인 번영보다는 후회 없이 깨끗한 양심을 가지고 기쁨에 가득 찬 삶을 살아가는 것과 더욱 긴밀히 맞닿아 있을지도 모른다. 물질적으로 부유하면 폭넓은 선택의 자유를 누릴 수는 있지만 그렇다 해도 그것이 온전히 살지 못한 우리의 삶을 보상해주지는 못하며, 내면의 평화를 가져다주지도 못한다. 우리 삶의 가장 큰 목표는 우리 자신에게서 자라나오고 또 자라나와 우리가 의도한 바로 그 사람이 되는 데 있다.

그러기 위해서는 시간을 내어 우리가 자칫 놓쳤을 수도 있는 내면의 속삭임, 자신의 소명으로 향하라고 촉구하는 작은 목소리에 귀를 기울여야 한다. 그렇게 하면 무슨 일이 일어날까? 우리는 이제껏 만난 것 중 가장 큰 난관에 봉착하게 된다. 누구의 말과 생각에도 아랑곳하지 않고 스스로 꿈을 찾을 용기를 내야 하는 것이다. 살아서 당신을 위한 큰 그림을 볼 수 있는 사람은 오로지 당신 자신뿐이다. 심지어 당신마저도 그 그림 전체를 다 볼 수는 없다. 열심히 인생의 계획을 짜고 꿈을 꾸고 앞으로 나아가는 것은 당신이지만 언제나 우리가 우주의 흐름과 에너지와 손을 잡고 움직이고 있다는 사실을 기억해야 한다.

자신이 가진 힘과 활기를 최대한 끌어모아 목표를 향해 움직이되, 당신 자신보다 더 큰 그 '힘'에 계획을 맡기자. 그리고 집착을 내려놓고 당신의 꿈이 스스로 걸작으로 태어나게끔 하자.

꿈은 크게 꾸자. 아주, 아주, 크게 꾸자. 열심히 노력하자. 정말, 정말, 열심히 노력하자. 그리고 내가 할 수 있는 모든 것을 한 후에는 당신보다 더 큰 그 힘의 존재에 모든 것을 오롯이 맡겨 보자.

6장

경외

Awe

❦

"질문^{question}이라는 단어 속에는 다른 단어가 들어 있다.
'찾아서 추구함^{quest}'이란 아름다운 말. 나는 그 단어를 사랑한다."

– 엘리 비젤(미국 유대계 작가이자 인권운동가)

나는 이제 새해의 계획을 세세히 짜지 않는다. 하지만 매년 1월이 되면 내가 어떻게 계속 앞으로 나아갈 수 있을지에 대해 곰곰이 생각해본다.

어느 해였던가. 새해 첫날 아침, 하와이에 머무르던 나는 집 현관의 지붕 아래에 앉아 드넓은 바다를 바라보며 명상에 잠겨 있었다. 내가 온전히 의식적으로 깨어 있는 삶을 살며 인생의 가장 깊은 본질로 나아가게끔 마음을 열어, 그 어떤 경험도 받아들일 수 있도록 굳건한 의연함을 주십사 하고 기도했다.

그리고 그날 땅거미가 질 무렵, 내가 경험한 것 중 가장 심오한 영적 만남의 형태를 띠고 기도에 대한 응답이 왔다.

나는 친구 밥 그린과 함께 운동 삼아 걷고 있었다. 해가 하늘에 라벤더 빛 가는 줄들을 죽죽 남기며 기울었다. 구름이 산으로부터 내려와 초승달이 빼꼼히 내보일 만큼의 공간만을 남기고 드넓은 바다 위의 하늘을 뒤덮었다. 주위가 구름의 습기 찬 안개로 자욱해졌다. 눈에 보이는 것은 하늘에 열린 그 작은 공간을 일렁이듯 비추는 달빛뿐.

"저기 좀 보세요!" 밥이 말했다. "꼭 드림웍스사社 로고 같아요! 위로 올라가서 낚싯대를 드리우고 앉아 있고 싶어요."

정말로 초현실적인 분위기였다.

계속 걷다가 밥이 내게 몸을 틀고 말했다. "잠깐 멈추죠."

나는 멈춰 섰다.

"들려요?" 그가 속삭였다.

들렸다. 내 숨이 가빠졌다. 들려오는 것은 침묵의 소리, 깊고 완전한 정적이었다. 너무나 고요하여 내 심장 뛰는 소리가 들릴 정도였다. 나는 숨을 멈추고 싶었다. 들이쉬고 내쉬는 숨소리마저도 소음처럼 느껴졌다. 아무 움직임도, 미풍도, 공기의 느낌마저도 없었다. 아무것도 없는 것의 소리. 모든 것의 소리. 하나의 공간 안에 모든 생명과 죽음과 그 이상의 것들이 담긴 듯 느껴졌다. 그리고 나는 그 안에 서 있을 뿐 아니라 그 공간의 일부를 이루고 있었다. 이제껏 느껴본 것 중 가장 평화롭고 깨어있으며 지성적인 순간이었다.

우리는 오랫동안, 정말 오랫동안 서 있었다. 경외에 차 애써 숨을 죽이며 서 있던 나는 그 순간이 내가 그날 청했던 기도의 답임을 깨달았다. "구하라! 그러면 얻을 것이요, 찾으라! 그러면 찾을 것이다"의 의미를 깨닫는 순간이었다. 그 순간은 실로 '삶의 가장 깊은 정수'였다. 확신하건대, 그 순간은 언제나 우리 곁에 있다. 광란과 소음처럼 우리의 인생을 겹겹이 감싼 것들을 벗겨내면 고요함이 드러난다.

그 고요함은 바로 당신이다.

'영광, 영광, 할렐루야'가 저절로 터져 나올 것 같은 순간. 나는 그 순간을 영원히 붙잡고 싶었고, 그래서 그렇게 했다. 회의하는 도중이나 사무실 문 앞에 줄을 선 사람들 곁에서 때때로 나는 그저 숨을 들이쉬며 그때로 자신을 인도한다. 그 길과 그 구름과 그 초승달로…… 고요함으로. 평화로.

나는 종종 내가 전혀 확신하지 못하는 일에 맞닥뜨린다. 하지만 기적이 있다는 것은 확실히 믿는다. 내게 있어 기적이란 반짝거리는 눈으로 세상을 보는 것이다. 아무것도 없이 깜깜한 것 같아도 언제나 그곳에 희망과 가능성이 존재함을 아는 것이다. 많은 사람이 기적의 존재에 마음을 꼭꼭 닫아걸거나 심지어 기적이 코앞에서 그들을 쳐다보고 있을 때도 우연이라며 대수롭지 않게 넘겨 버린다. 그러나 나는 기적을 기적으로 본다. 내게 기적이란 우리보다 더 큰 무언가가 우리의 삶에 작용하고 있다는 것을 확인하는 것이다. 기적을 보겠다고 마음을 열기만 한다면, 때때로가 아니라 매일 기적이 일어난다고 나는 믿는다.

나의 삶에서 기적은 종종 가장 단순한 일의 모습으로 일어난다. 예를 들면 8킬로미터를 50분 안에 뛸 수 있다든가, 장거리 달리기를 마친 후 기진맥진해서 빨간 파프리카와 토마토를 넣은 수프가 마구 생각날 때 때마침 E부인(나의 대모님)이 주방 가스레인지 위에 수프를 두고 갔다든가 하는 일들이다. 기적이란 복숭아즙 색이 나는 황혼을 바라보는 것이며, 저녁 산책이 끝나갈 즈음 그것이 산딸기 색으로 변하는 모습을 바라보는 것이다. 또 예쁜 쟁반에 담은 석류와 키위, 망고를 아침으로 먹는 것이며, 우리 집 정원에서 직접 딴 분홍 작약을 침실에 장식하고 감상하는 것이다. 길거리에 멈춰선 녹색 미니밴 안에서 창밖으로 몸을 빼서 "당신은 TV에 나오는 사람 중에서 가장 최고의 선생님이에요!"라고 외치는 젊은 아가씨도 내게는 기적이다. 그 아가씨가 마침 유치원 선생이란 덤까지 붙은 기적. 새들의 지저귐도 기적이며 새의 노래 하나하나가 기적이다. 그 노래를 들으며 "저 새들은 서로에게 노래하는 걸까, 자기 자신한테 불러주는 걸까, 아니면 누구라도 좋으니 듣기만 해달라는 걸까?"라며 궁금해지는 순간이 기적이다.

기적은 때로 반려견들과 함께 잔디에서 뒹굴거나, 해야 할 일도 계획도 없이 딱히 가야 할 곳도 없이 일요일 내내 놀 기회의 모습을 하고 찾아오기도 한다. 일주일 내내 미친 듯이 일하고, 일하고 또 일하다가 마침내 자신으로 돌아와 홀로 있을 수 있는 시간을 가지는 것도 기적이다. 통나무집 현관 지붕 아래에서 명상을 하는 것도, 물처럼 바스락 소리를 내는 잎사귀들도, 연못에서 어미 거위에게 물장구 치는 법을 배우는 새끼 거위들도 기적이다. 이런 황홀한 삶의 기쁨을 느끼는 것, 그리고 자유로운 여인으로서 그 삶을 누릴 기회를 얻은 것도 기적이다. 내가 확실히 아는 것이 아무것도 없다 해도, 이것만은 안다. 우리가 기다리는 그 커다란 기적들은 매 순간, 우리가 숨 쉴 때마다 바로 우리 코앞에서 일어나고 있다. 눈을 뜨고 가슴을 열자. 기적이 보이기 시작할 것이다.

나이가 든다는 것은 내게 생긴 일 중에 최고의 일이다.

잠에서 깨 욕실에 가면 벽에 붙여놓은, 마리안 윌리엄슨 Marianne Williamson의 책 『일루미나타Illuminata』에서 인용한 감사함의 아침 기도가 나를 반긴다. 지금 내가 몇 살이든 상관없이 나는 현재의 내 나이에 이를 수 없었던 이들에 대해 생각한다. 지상의 삶에 어린 아름다움과 장엄함을 깨닫기도 전에 이 땅에서 불려간 사람들에 대해 생각한다.

우리가 매일 만나는 순간들이 경탄의 눈으로 세상을 볼 가능성을 선사해준다는 것을 나는 확실히 안다.

나이가 들수록 하찮고 피상적인 일들에 대한 인내심이 줄어든다. 돈과는 상관없는 풍요로움이 있다. 자신의 삶에 관심을 둘 때 생겨나는, 세상을 보는 올바른 시각과 풍요로운 지혜는 그 안에 당신에게 가르쳐줄 모든 것을 품고 있다. 그리고 내가 확실히 아는 것은 제대로 배우는 것에서 느끼는 즐거움은 우리가 살면서 받을 수 있는 최고의 보상이라는 점이다.

이제껏 살면서 나는 실로 대단히 놀라운 이야기들을 들었다. 갈등과 패배와 승리와 회생의 이야기들. 인간이 처할 수 있는 모든 상황에 대해 거의 다 들어본 것 같다. 하지만 존 디아스의 이야기는 그중에서도 손꼽을 만큼 경이롭다.

2000년 10월, 존이 탑승하고 있던 싱가포르 항공 006편은 이륙과 동시에 폭발했다. 여든세 명의 사람이 불꽃에 산화했고, 존과 아흔다섯 명의 사람들은 살아남았다. 존은 지금도 부상으로 인한 신체적 고통에 시달리고 있다. 하지만 다른 여러 측면에서 그는 말 그대로 화염을 뚫고 나온 이후, 그 이전보다 더 생생하게 살고 있다.

여객기는 태풍이 부는 기상 상태에서 이륙했다. 존의 직감은 그에게 탑승하지 말라며 경고했고, 그는 항공사에 여러 번 전화를 걸어서 문의를 했다. "비행기가 뜨는 게 확실합니까?" 폭풍우가 너무나 심하게 몰아쳤기 때문이었다. 그가 지상 활주를 하는 비행기 안에서 창밖을 내다보았을 때 눈에 보이는 것은 빗줄기뿐이었다. 그는 여객기의 제일 앞쪽에 앉아 있었고 비행기 앞부분이 위로 올라가기 시작하는 모습을 지켜보았다.

하지만 747 항공기가 탄 활주로는 할당받은 활주로가 아닌, 타서는 안 되는 활주로였다.

처음에 그는 비행기가 약하게 쿵 하고 부딪치는 것을 느꼈다 (비행기가 콘크리트 방벽을 쳤다). 곧 그의 바로 옆에서 엄청난 충격이 왔고 무언가가(굴착기) 비행기의 옆구리에, 그것도 그의 자리에서 아주 가까운 부분에 구멍을 냈다. 곧 그가 앉은 좌석의 나사가 풀리며 의자가 거꾸로 뒤집혔다. 그는 비행기가 나선을 그리며 활주로로 추락하는 것을 느낄 수 있었다. 그리고 비행기는 멈췄다. 그다음에 일어난 일을 존은 다음과 같이 묘사했다.

"그러더니 폭발이 일어났습니다…… 엄청나게 큰 화염이 치솟더니 제 머리 위를 지나 비행기 앞부분까지 뻗어 나가더군요. 그러다 다시 뒤로 확 치고 나갔어요. 마치 영화의 한 장면을 보는 것 같았어요. 연료가 네이팜처럼 분사되고 있었는데 닿는 곳마다 불꽃이 확확 일어나고……"

"그리고 한 남자가…… 동양인 남자가 불길에 휩싸인 채로 저를 향해 똑바로 달려왔어요. 이목구비가 또렷하게 다 보였는데 놀란 표정이더라고요. 자신이 이미 죽었고 불타고 있다는 사실을 모르는 표정이었다고 할까요? 그걸 보면서 나도 지금 저렇겠지 하는 생각이 들었어요. 그때 나는 진짜로, 내가 죽었을 거라고 생각했어요."

나는 존에게 어떤 불가사의한 힘이 당신을 구해줬다고 믿는지 물었다. 그렇지 않다고 그는 대답했다. 그가 무사히 나올 수 있었던 것은 마침 좌석 위치가 좋았고 재빨리 사태를 파악할 수 있었기 때문이라고 했다. 당시에 그는 연기와 화염으로부터 몸을 보호하기 위해 가죽 가방으로 머리를 덮고 출입문을 찾아 계속 움직였다고 한다. 그를 보호해준 가죽 가방은 기내에 들고 타지 말라고 했던 물건이었다.

그다음에 들은 말을 나는 지금까지도 종종 떠올린다. 자신을 매우 직선적이고 경쟁심이 강하며 실용적인 사람이라고 설명하는 그가 다음과 같은 말을 한 것이다.

"비행기 안은 단테의 『신곡』 중 지옥편을 보는 듯한 느낌이었습니다. 사람들이 자기 자리에 묶인 채로 활활 타오르고 있었죠. 그리고 일종의 빛처럼 보이는 아우라 같은 것이 그들의 몸을 떠나는 것처럼 보였어요. 어떤 사람들의 것은 더 밝았고요…… 나는 그 밝기나 희미함이 그 사람이 어떤 인생을 살았는가를 보여준다고 생각했어요."

그는 아우라라는 단어 외엔 딱히 묘사할 방법을 찾을 수 없는 빛의 에너지가 죽은 사람의 몸을 떠나 화염 위로 떠다니는 것을 목격한 경험이 자신을 변화시켰다고 했다. 존은 그 경험으로 인해 다른 이들과 좀더 공감할 수 있는 사람이 되었다. 그는 여전히 죽음과의 만남을 기적이라고 인정하려 들지 않았지만, 한 가지만은 수긍했다. "내 아우라가 몸을 떠날 때는 아주 밝게 빛나도록, 나는 인생을 그렇게 살고 싶습니다."

내가 확실히 아는 것은, 이 아름다운 행성에서 살아있다는 것은 너무나 멋진 선물이다. 나는 이곳에서의 나의 시간이 더할 나위 없이 찬란하기를 원한다.

나는 확실히 안다. 영적인 요소 없이는 삶에 진실한 의미란 없다.

나에게 '영성靈性'이란 우리가 가진 정체성의 본질이다. 영성에 특정 종교가 필요한 것은 아니다. 영성은 그저 존재하는 것이다. 지금 이 순간을 자각하는 것이 그러한 본질로 이어지는 열쇠다. 현재의 순간을 자각하는 것에는 변신의 힘이 있다. 그것은 살아 있다는 것의 의미를 새로이 규정한다.

영성이란 평범한 것일 수도 있고, 비범한 것일 수도 있다. 타인에게 100퍼센트의 관심을 기울이는 것, 그 순간에는 다른 무슨 일을 해야 할까 생각하지 않고 다른 이에게 나의 모든 힘을 쏟는 것도 영적이고, 누군가를 위해 무언가 좋은 일을 하려고 노력하는 것도 영적이다. 하루를 침묵으로 충만한 한순간으로 시작하는 것도 영적이다. 커피 향이 감돌 때 잠에서 깨어나 오감으로 커피의 향내를 '맛보고', 한 모금 한 모금을 천국의 맛처럼 즐기고, 더는 천국의 맛이 나지 않게 되면 커피잔을 조용히 옆으로 밀어내는 것도 영적이다.

의식적으로 숨을 쉬는 순간에 맞추어 빛은 천천히 우리 삶에 비춰든다는 것을 나는 확실히 알고 있다.

여유롭게 숨을 쉬자.

나의 삶 전체는 기적이다. 당신의 삶도 마찬가지다. 나는 이것을 확실히 알고 있다.

당신이 어떻게 이 세상에 오게 되었는지는 중요하지 않다. 부모님이 원한 아이였든 아니면 '사고'였든(오랜 세월 나도 그런 딱지를 붙이고 살았다), 당신이 지금 이 세상에 존재해서 이 책을 읽고 있다는 건 그야말로 환상적인 일이다.

솔직히 나는 당신이 살아가는 삶의 세세한 내용은 알지 못한다. 하지만 모든 사람이 자기만의 희망과 슬픔의 이야기, 승리와 패배의 이야기, 보상과 기쁨 그리고 빛의 이야기를 지니고 있다는 것은 안다.

모든 이는 자기 몫의 교훈이 담긴 경험을 맛본다. 그 교훈을 얼마나 잘 습득하는지는 당신에게 달려 있다.

이 세계를 교실이라 생각해보자. 그러면 모든 경험은 우리에게 자신에 대한 무언가를 가르쳐주기 위해 생겨난 일이라는 사실도, 우리가 점점 자신의 본질에 가까워지는 것이 삶이라는 여행의 핵심이라는 점도 이해가 될 것이다. 그 여정에서 우리는 모두 자기가 가진 것을 나누게 된다. 그것은 또 다른 기적이다.

우리는 종종 가장 고된 경험에서 가장 많이 배운다. 문젯거리가 생길 때마다 나는 스스로 물어보려고 노력한다. '이 문제의 진정한 핵심은 무엇일까? 나는 이것으로부터 무엇을 배워야 할까?' 진정한 교훈이 무엇인지 파악한 후에야 비로소 나는 자신을 위한 최선의 결정을 내릴 수 있다. 그리고 그 경험으로부터 배우고 성장할 수 있다.

내가 이 세상에 와서 오랜 세월을 머무르며 온갖 일들을 겪고 난 지금, 나에 대해 가장 자랑스럽게 여기는 것은 내가 '삶의 진화'에 마음을 터놓고 있다는 점이다. 나는 모든 물질적 만남에 형이상학적 의미가 존재한다는 것을 안다. 나는 마음을 열고 그 모든 것을 보고 싶다.

몇 해 전 나는 운 좋게도 피지에서 시간을 보낼 기회를 가졌다. 그곳에서 파도가 밀려와 해변에 부딪히며 잔잔하게 부서지는 모습을 보는 것이 참 좋았다.

잔물결 하나하나가 마치 인생이라는 바다에 사는 우리 한 사람 한 사람과 비슷하다는 생각이 들었다. 우리는 우리가 서로 매우 다르다고 생각하지만 실은 그렇지 않다. 우리는 포부, 투쟁과 승리, 희생과 상실이라는 겉치레와 관습 속에 감싸여 살면서 우리가 진정 누구인지를 잊게 된다.

어느 날 아침, 나는 파도를 바라보며 내 시인 친구 마크 네포 Mark Nepo에게 이메일을 보냈다. 마크는 좀더 의도적인 삶을 살기 위한 매일의 교훈 일 년 치를 담은 『고요함이 들려주는 것들 Book of Awakening』이라는 책을 썼다. 내 이메일을 읽은 그는 다음과 같이 답을 보내왔다.

시詩에 관해 묻는 당신

너무나 멀리 떨어진 섬에서 당신은 묻네요

훼손되지 않은 곳,

조용히 걷다 보면 모든 것에 깃든 기적이

시로서 말을 하는 곳에서 묻고 있네요

마치 해변에서 자갈을 찾듯,

당신의 영혼과 당신의 일상을 살펴보면 시라는 예술이 보여요

4천 마일 떨어진 곳에서 태양이 하얀 눈을 얼릴 때

나는 미소 지어요

지금 이 순간 당신 자체가 바로 시 한 편이기 때문입니다.

오랜 세월을 탐색해온 내가 해줄 말은 이것뿐

시라는 예술은

거대한 바다에 닮은 소소한 것들을 찾아다니는 것

하지만 그 소소한 것들의 말소리에 귀를 기울이는 것은

한 편의 시 그 자체랍니다

나는 시에 대해서 그렇게 생각해본 적이 없었다. 하지만 그
날 섬의 가장자리에 앉아 있을 때 나는 마크가 이메일의 말미

에 적은 말 역시 진실임을 느낄 수 있었다.

"나에게 시라는 것은 예상치 못한 영혼의 외침입니다. 매일 영
혼이 어루만지는 그곳에 시가 있어요. 시는 단어에 대한 것이 아
니라, 우리가 태어나면서부터 내면에 지니고 다니는 살아 있음의
감각을 깨우는 것입니다. 모든 것에 깃들어 있는 기적이 깨어날
때까지 조용히 걷는 것입니다. 종이에 꼭 써놓을 필요도 없어요.
솔직히 고백하자면 나는 시를 쓰기 시작했을 때 걸작 시편을 쓰
고 싶다는 소망이 있었어요. 하지만 살아가는 것에 지치면서 그
소망은 진실한 시를 발견하는 것으로 바뀌었습니다. 그리고 인생
후반기를 살아가는 지금, 나는 겸손해졌고 신이 나요. 나 자신이
한 편의 시가 되고 싶어요!"

시를 좋아하며 감상하는 데 그치지 않고 시 자체가 된다는
것. 실로 품을 가치가 있는 포부가 아닌가.

영성이란 무엇일까. 우주의 모든 창조적 행위를 일으키는 에너지와 내가 하나로 이어져 있음을 깨닫는 것, 내가 그것의 일부이며 그것 또한 영원히 나의 일부일, 바로 그것을 나는 영성이라 부른다. 하지만 '그것'의 이름은 중요하지 않다. 그리고 그것을 묘사하기 위해 어떤 단어를 사용해야 하는지도 중요하지 않다.

단어란 영성을 설명하기에는 너무나 부적절한 도구다. 영성은 종교가 아니다. 영적인 사람이 특정 종교 안에 속할 필요는 없다. 매우 종교적이면서도 영적인 면모가 없는 사람도 있다. 단지 교의만 갖고 있을 뿐.

영성은 내가 믿는 무엇인가가 아니다. 영성은 나 자신이며 나의 의미다. 이것을 알고 나서 내 모든 것이 달라졌다. 그 깨달음은 내가 두려움 없이 살며, 내가 행하는 창조 행위의 목적이 실현되는 것을 허용해주었다. 나는 감히 선언한다. 인생의 가장 위대한 발견은 내가 내 신체와 정신 이상의 존재임을 깨닫는 것이다. 나는 확실히 알고 있다.

나는 여러 해에 걸쳐 수백 권의 책을 읽으며 영적인 면에서 더욱 예민해졌다. 그렇게 읽은 책 중의 하나가 에크하르트 톨레Eckhart Tolle의 『삶으로 다시 떠오르기A New Earth』다. 이 책은 나와 깊게 공명하며 내가 나 자신을 비롯한 모든 것을 파악하는 방법에 변화를 불러왔다. '우리'와 '우리의 생각'이 같은 존재가 아님을 깨달아야 하며, 우리의 정신이 에고를 중심으로 우리 삶을 장악하는 모습을 관찰하여 그 실체를 파악한 후 변화시켜야 한다는 것이 책의 주제다.

진실한 나, '영적인 나'로서의 내가 자기 삶을 지배하도록 허용한다는 것은, 내가 투쟁을 멈추고 삶의 흐름과 함께 움직이는 법을 배운다는 뜻이다. 톨레는 다음과 같이 말한다. "삶의 예술에 깃든 비밀, 모든 성공과 행복의 비밀을 전하는 세 가지 음절의 표현이 있다. 바로 '삶과 하나 되기'다. 삶과 하나 된다는 것은 '지금'과 하나가 된다는 뜻이다. 그렇게 되면 당신이 당신의 삶을 사는 게 아니라, 삶이 당신을 통해 살고 있음을 깨닫게 된다. 삶은 춤꾼이며, 당신은 춤 그 자체다."

우리가 '춤'이 되는 데서 오는 기쁨과 생명력은 우리가 상상할 수 있는 그 어떤 쾌락에도 비견할 수 없다. 우리가 춤이 되기 위해서는 삶의 영적인 정수를 맛볼 것을 다짐하고 앞으로 나아가면 된다. 그리고 그 다짐은 에크하르트 톨레와 대화를 나누며 내가 말했듯이 당신이 매일 내려야 하는 결정이다. 세상 안에서 살아가되 세상에 함몰되지는 않겠다는 결정이다.

2012년에 관해 인터넷에 퍼졌던 소문을 기억하는가? 세상의 변화에 대한 그 예언(마야력의 주기에 일부 기초한)을 잘 모르는 이들을 위해 간단히 설명하자면, 2012년에 지각 대변동이 일어나 인류 문명이 붕괴하거나 영적인 변환의 시대가 열리리라 내다본 사람들이 있었다.

미래를 예언할 수 있는 사람은 물론 없다. 하지만 내가 확실하게 아는 것은 '의도'에는 힘이 있다는 것이다. 내가 가진 의도는 내게 다가오는 매해를 원대한 약속의 해로 여기고 맞이하는 것이다. 나에게 종말의 날이란 없다. 나는 내가 맡은 역할을 제대로 실행하고 싶다. 나의 내면과 세상 속에 변화를 일으켜 우리가 우리의 본질에 더욱 충실하게 살도록, 더 큰 사랑을 품고 더욱 직관적으로, 더욱 창조적으로, 더 큰 협동의 마음으로 살아갈 수 있도록 돕고 싶다. 그것이 내가 생각하는 영적인 진화이자 혁명이다.

당신과 당신이 마음에 품은 소망이 동일 선상에 자리잡으며 정렬할 때 깨달음이 온다. 내게 2012년은 그러한 '정렬'의

한 해가 밝아옴을 뜻한다. 당신이 되어야 하는 그 운명의 존재와 당신이 통하고, 우리가 사는 이 장대한 세상에 당신이 이바지하게 될 운명적 방법과 당신이 통하며 일치하게 될 때, 당신은 인식의 변화를 느끼기 시작한다. 사람들이 흔히 '세렌디피티serendipity'라 칭하는 심오한 우연의 순간을 당신은 알아차리기 시작할 것이다. 하지만 나는 그 순간을 '경탄의 순간'이라 부르길 좋아한다. 나의 정신과 신체와 영혼을 온전히 지키기 위해서 내가 해야 하는 일을 하면, 모든 것이 척척 맞아떨어지는 경험이 계속 일어나 항상 경탄하게 되기 때문이다. 파울로 코엘료Paulo Coelho의 소설 『연금술사The Alchemist』에 나오는 아름다운 구절이 이루어진다고나 할까. "당신이 무언가를 간절히 원할 때, 온 우주는 당신의 소망이 실현되도록 도와줍니다."

우주가 선사하고자 하는 모든 것에 마음을 터놓는 것. 그것이 나의 목표다. 매해 그리고 날마다.

내가 하느님에게 자주 드리는 기도가 하나 있다.

제발 제게 알려 주세요. 저는 정말 누구인가요?

기묘한 질문처럼 보일지도 모른다. 하지만 나는 삶을 헤쳐가는 과정에서 내 존재의 진실한 모습을 결코 놓치고 싶지 않다.

내가 가장 좋아하는 격언 중에 프랑스 철학자이자 승려인 피에르 테야르 드 샤르댕Pierre Teilhard de Chardin이 한 말이 있다. "우리는 영적인 경험을 겪는 인간이 아니라, 인간의 경험을 겪는 영적인 존재다."

그러한 경험을 가능한 한 의미 깊게, 그리고 시적으로 만드는 것이 내 가슴속 가장 열렬한 소망이다.

잠시, 나와 함께 숨을 쉬어보자. 양손을 배 위에 올려놓고, 숨을 들이쉴 때 복부가 팽창하고 숨을 내쉴 때 복부가 수축하며 납작해지는 것을 느껴보자. 그 들숨과 날숨의 순환은 시간당 평균 720번, 하루로 치면 1만7천 번 이상 일어난다고 한다. 당신이 의식조차 하지 못하는 순간에도.

우리는 흔히 호흡이라는 생물학적 기적을 당연시하며 의식하지 않고 살아가지만, 나는 가끔 고요해지며 의식적으로 호흡을 느끼곤 한다. 그리고 그때마다 감탄하며 생명이라는 기적에 경외를 느끼게 된다. 예외 없이 언제나 그렇다.

갓 깎은 잔디라는 대지의 카펫 위를 맨발로 걷는 것. 와! 기분이 정말 좋다.

또 다른 감탄의 순간은 황혼녘에 찾아온다. 매일 밤 해가 질 무렵 내 친구들과 이웃들은 우리 집 현관 지붕 밑에 모여 우리가 지구의 가장 위대한 쇼라고 부르는 현상을 지켜본다. 태양이 수평선 아래로 사라질 때 우리는 사진을 찍고, 서로의 사진을 비교하며 빛의 유려한 쇼가 만들어낸 색조의 변주를 감상

한다.

얼마 전, 네 시간 동안 계속 비가 내린 날이 있었다. 일정한 기세로 쏟아붓던 빗줄기는 어느 순간 갑자기 딱 그쳤다. 와! 나무가, 울타리가, 그리고 하늘이 빛이 났다. 모든 것이 반짝반짝 빛이 났다.

내게 자연이란 큰 소리로 감탄하게 되는 순간의 연속이다. 자연의 장대함은 가끔 자연의 가장 소소한 선물을 통해 내 영혼의 눈을 밝힌다. 언제던가. 플로리스트 친구가 내 생일에 선물을 주었다. 온갖 종류의 거대하고 호사스런 꽃 장식 작품을 창조해온 그 친구가 내게 준 것은 작은 두 장의 잎사귀로 만든 하트였다. 내가 가장 소중하게 여기는 선물 중 하나가 된 그 하트 잎사귀를 나는 내가 가장 좋아하는 책인 에크하르트 톨레의 『삶으로 다시 떠오르기』에 끼워놓았다. 그 책을 펼칠 때마다 나는 우리가 그렇게 보기로 선택하기만 한다면 삶이 얼마나 단순하면서 아름다울 수 있는지 다시금 기억하게 된다.

자신을 가장 온전하게 드러내는 표현을 탐구하기.

내 인생사를 여섯 음절로 축약한 구절이다. 내가 누구이며 어떤 사람인지에 대해 내가 개인적으로 내린 정의定義이기도 하다. 적어도 지금으로서는 그렇다. 나는 그 구절을 일종의 미니 회상록으로 간주하지만, 나의 정의는 언제나 그랬듯이 지금도 진화하고 있다. 작년에 내가 사용했던 단어들은 이제는 해당 사항이 없다. 우리가 진정으로 성장하고자 다짐하고 거기에 전념한다면 자기 자신과 자신을 드러내는 표현의 새로운 차원을 계속 발견하게 될 수밖에 없기 때문이다.

두어 해 전 나는 아이오와 주 페어필드를 방문했다. 페어필드는 인구 9,500명의, 중서부 농지의 정가운데에 위치한 작은 마을이다. 초월명상Transcendental Meditation을 하러 수백 명의 인파가 몰려들어 교통체증으로 인해 저녁에 도로에 갇히게 되리라고는 절대 예상하지 못할 곳이다. 하지만 사람들은 바로 그 이유로 페어필드에 온다. TM 타운이라고 불릴 정도다. 명상은 돔 모양의 금빛 건물 두 군데에서 행해진다. 하나는 여성용, 다른 하나는 남성용이다. 가정주부들과 가게 직원들, 엔지니어들과 여성 종업원들, 법률가들과 엄마들, 미혼 여성들과 나. 우리는 모두 고요히 있겠다는 한 가지 목적을 가지고 돔 건물에 모였다. 그리고 모든 창조적 표현과 평화, 빛, 그리고 사랑은 고요함의 공간에 깃든다는 사실을 되새겼다.

명상은 강력하게 활력을 돋우어주면서도 차분해지는 경험이었다. 끝이 다가오는 것이 안타까웠다.

하지만 끝이 났고, 나는 건물에 들어섰을 때보다 더 충만해진 기분으로 자리를 떴다. 희망으로 가득 차 만족과 심오한 기쁨을 느꼈다. 사방에서 우리를 뒤흔드는 광풍 같은 하루하루 속에서도 여전히 변하지 않는 고요함이 있음을 확실히 알았다.

오로지 그 공간으로부터 우리는 최고의 작품과 최고의 삶을 창조할 수 있다.

나는 적어도 하루 한 번, 상황이 좋을 땐 두 번, 나 자신에게 충분히 조용한 시간을 주려고 애쓴다. 아침 20분, 저녁 20분을 그렇게 사용하면 잠이 잘 오고 집중력이 높아진다. 나의 생산성이 힘을 받고 창조성에 불이 지펴진다.

당신도 한번 시도해보길 바란다. "당신에겐 언제나 힘이 있었어요"라고 말하던 착한 마녀 글린다(『오즈의 마법사』에 나오는 착한 마녀 글린다는 주인공 도로시에게 스스로 원했다면 집으로 돌아갈 갈 힘이 있었다고 말한다. — 옮긴이)가 옳았음을 인정하게 될 것이다. 당신은 그저 잠시 짬을 낼 방법을 찾기만 하면 된다. 그리고 일단 시작하기만 하면 당신은 자신을 가장 온전하게 드러내는 표현을 찾는 행로에 이미 오른 셈이다.

나는 언제나 나 자신을 탐구자로 간주해왔다. 다른 말로 하면, 나의 마음은 언제나 열려 있었다. 우주가 작동하는 신성한 질서와 우아한 완벽함이 모든 형태로 드러나는 것을 보고자 마음을 터놓고 있었다.

나는 삶의 불가사의한 신비에 홀려 있다. 앤 모티피Ann Mortifee가 지은 『신비와 사랑에 빠지다In Love with the Mystery』라는 책이 내 침대맡 작은 탁자에 놓여 있다. 평온한 느낌의 사진들과 우리가 걷고 있는 기적과 같은 놀라운 여행의 소중함을 일깨워주는 짧은 문구들로 가득 찬 책이다.

나는 그 책에 나오는 다음 구절을 아주 사랑한다.

"힘이 오게 두라. 희열이 분출하도록 하라. 당신의 가슴이 확장하여 이 놀라운 창조물을 향한 숭배와 그 모든 창조물을 낳은 사랑과 지혜와 힘을 향한 애모로 넘치는 것을 허용하라. 지금 필요한 것은 환희다. 환희와, 경의와, 은혜다."

나는 그 구절에서 위안을 받고 영감을 얻었다. 우리에게 언제나 밀려오는 그 영속의 힘을 우리는 너무나 자주 막아버린다. 무엇을 '하는' 것에 몰두한 나머지 우리가 '존재'한다는 사실을 잊어버리기 때문이다.

나는 종종 스티브 잡스가 "오, 와우. 오, 와우. 오, 와우"란 마지막 말을 했을 때 무엇을 보았던 걸까 궁금하다.

그가 본 것이 스물여섯 살 암 환자가 보았던 것과 같은 광경일까? 몇 년 전 오프라 쇼에 나온 그의 어머니에 의하면 아들은 마지막 숨을 쉬며 이렇게 말했다고 한다. "아, 엄마. 너무나 단순한 거였어요."

우리는 필요 이상으로 우리가 걷는 길을 어렵게 만들고 있다. 우리가 어떤 일이나 현상을 그것 그대로 보지 않고 싸우고 저항하면 끊임없는 혼돈과 짜증에 휩싸이게 된다. '다른 이에게 대접받고자 하는 대로 다른 이를 대접하라'는 말처럼 모든 것은 아주 단순하다. 또한 뉴턴의 '운동의 제3법칙'을 기억하자. 하나의 작용엔 같은 힘의 반작용이 따른다. 어느 단계에서도, 우리가 창조하고 세상에 내보내는 에너지는 동일한 힘으로 우리에게 돌아온다.

인생에 있어 우리가 해야 할 주된 일은 다른 모든 에너지의 원천이 되는 사랑의 에너지와 같은 선상에 서서 우리의 주파수를 그 에너지에 계속 맞추는 것이다. 나는 이를 확신한다.

당신이 그것을 삶의 과업으로 삼으면 불가사의한 신비는 풀린다. 아니, 적어도 더는 당신을 어리둥절하게 하지 않는다. 오로지 환희와 경의와 은혜를 더욱 공고하게 할 뿐이다.

그날이 다가오고 있었다. 혼자서 조용히, 나는 기뻐서 어쩔 줄 몰랐다. '예순 살이 된다!'고 자꾸 되뇌었다. 그 말을 할 수 있다는 사실, 그 말이 지닌 의미를 축하할 수 있게 오래 살았다는 사실이 너무나 기뻤다.

내가 예순 살이 된다. 나는 살아 있다. 건강하게. 튼튼하게.

내가 예순 살이 된다. 그리고 듣는 사람이 기분 나쁘라고 하는 말은 아니지만, 나는 더는 남들이 날 어떻게 생각하는지 걱정할 필요가 없다.(그 케케묵은 걱정을 다들 알 것이다. '내가 잘하고 있는 걸까?' '내가 제대로 말하고 있는 걸까?' '남들이 기대하던 수준의 사람이 되었을까' 등등)

예순 살이 되었을 때, 나는 내가 '지금의 내가 될 권리'를 정당하게 획득했음을 확신하게 되었다. 나는 그 어느 때보다도 내가 지금의 나 자신이라는 점에 당당하다.

데렉 월컷Derek Walcott이 아름다운 시 「사랑 뒤의 사랑Love After Love」에서 묘사한 그 순간에 이른 것이다.

격한 기쁨으로 당신은

당신의 문 앞에, 당신의 거울 앞에 선

당신 자신을 반길 것입니다

그리고 서로가 보내는 환대에 미소 지을 겁니다.

내가 이 세상으로 와 거니는 이 여행은 실로 경이롭게 펼쳐지고 있다. 내가 기억하는 한, 나의 삶은 기적으로 가득 차 있었다.(심지어 내가 기억하지 못하는 부분도 그렇다. 나의 탄생이 참나무 그늘에서 남녀가 한 번 놀아난 결과임을 고려한다면.) 미시시피의 감리교회 신도 앞에서 웅변을 토하던 나의 어린 시절은 침례교적 성향과 고함치는 분위기 그리고 성령받음을 통해, 당시의 나로서는 상상도 하지 못한 미래, 즉 거대한 대중 앞에 나서게 될 미래에 대비해 나를 단련시켰다.

나는 이제 내가 받은 것을 나누고 싶다. 가능한 한 많은 사람이 삶을 향해 마음을 열 수 있도록 돕고 싶다. 지금까지 맛본 것 중에서 가장 큰 성공과 기쁨은 내가 마음을 열었을 때 찾아왔다는 것을 확실히 알기 때문이다.

나의 가장 큰 성취는 내가 어떤 순간에도 결코 나의 마음을 닫아걸지 않았다는 점이다. 가장 비참했던 순간에도, 성적 학대를 당하고 열네 살에 임신을 하고 거짓과 배신에 시달렸을 때도, 나는 믿음을 가지고 희망을 품었다. 사람들이 자신의 가장 추악한 면을 비칠 때조차도 나는 그들 안에 있는 좋은 부분을 보려고 애썼다. 위로 오르는 길이 아무리 험난해도 한 줄기 빛이 내 앞으로 난 길을 밝혀줄 거라고 나는 계속 믿어왔다.

인생을 헤쳐나가는 과정에서 우리는 자신이 어떤 존재인지에 대한 진실을 발견해가며, 누가 내 마음 안에 들어올 권리를 획득했는지 판단한다.

또 하나 내가 확신하는 것이 있다면, 그것은 바로 신神에 대한 확신이다. 신의 정의가 다양하고 신을 칭하는 방법이 모두 다를지라도(그라고 부르든 그녀라고 부르든 또는 그것이라고 부르든), 신이 우리를 위해 존재한다는 것을 나는 확실히 안다. 자연의 힘은 우리를 위해 존재하며 우리에게 풍성한 삶을 제공한다. 우리는 언뜻 하찮은 현실 속에 살고 있는 듯하지만, 실은 신비롭고 위엄 어린 너른 공간에 살고 있다. 우리 인간들이 그 공간을 일상의 보잘것없는 현실로 좁혀버렸을 따름이다. 하지만 평범함 속에는 비범함이 존재하는 것이다.

나는 때때로 삶의 거룩함과 신성함을 느끼며 감사한 마음으로 무릎을 꿇곤 한다. 재래식 변소에서 코를 틀어막으며 자란 어린 꼬마가 자신처럼 자란 소녀들을 돕기 위해 이제는 개인 자가용 비행기(내 전용 비행기!)를 타고 아프리카로 날아다닌다는 현실을 머릿속에 흡수하려고 아직도 노력 중이다. 얼마나 놀라운 은혜인가!

나는 겸손한 마음으로 더할 나위 없는 감사함을 느끼며 예순 살이라는 금자탑에 기쁘게 다가섰다. '내가 이제껏 은혜로 인해 안전했고, 그 은혜가 나를 집으로 이끌어줄 것'임을 되새기면서.

7장

명확함

Clarity

"먼저 그대가 무엇이 되려는지 스스로 말하라.
그런 다음 그대가 해야 할 일을 행하라."

– 에픽테토스(스토아학파의 철학자)

내가 '노'라고 말할 줄 알게 된 것은 마흔 살이나 되어서였다. 방송을 처음 시작했을 때 사람들은 내가 마음씨가 좋아서 남을 너그럽게 잘 돌보는 사람이라 생각했고, 나는 그런 이들의 시선에 자주 휩쓸리곤 했다. 내게 오기 위해 주머니를 탈탈 털어 버스표를 산 사람들도 있었고, 집에서 뛰쳐나온 아이들도 있었다. 학대당한 여성들이 남편을 떠나 녹화장 문간에 나타나기도 했다. 그 시절의 나는 가출한 계집아이를 가족에게 돌려보내고, 자살하겠다고 협박하는 여자와의 통화에 매달리며 기를 많이 소비했다.

수표에 수표를 계속 끊어주는 나 자신의 모습을 보며 내 마음은 점점 지쳐갔다. 그들이 내게 요청하는 것을 주는 데 너무 바쁜 나머지, 내가 진심으로 그들에게 베풀고 싶었던 것에 대해서는 오히려 감을 잃었다. 나는 남을 기쁘게 하려는 병에 심하게 걸려 있었고, '예스'라는 말이 입에서 자동으로 튀어나오는 일이 잦았다.

나는 그 병이 어디서 옮은 것인지 정확히 알고 있다. 학대를 겪은 과거가 있는 사람은 적절한 선을 긋지 못하는 과거 역시 갖고 있다. 어린 시절에 사적인 영역을 침해받은 이들의 경우, 그들을 마음대로 이용하려는 사람을 막을 용기를 쉽사리 내지 못한다. 자신의 본모습을 드러내면 거부당할까 두렵기 때문이다. 그래서 여러 해 동안 나는 내게 부탁을 하는 거의 모든 사람에게 줄 수 있는 모든 것을 내어주었다. 다른 이들이 내게 품고 있는 기대, 내가 무엇을 해야 하고 어떤 사람이어야 하는지에 관한 기대에 부응하려 애쓰며 나는 너덜너덜해질 때까지 자신을 다그쳤다.

그 병이 나은 것은 내가 '의도'의 원칙을 이해하게 되었을 때였다. 게리 주커브의 책 『영혼의 의자』에서 다시 한번 인용하자면, "모든 행위와 생각, 감정은 의도에 의해 생겨난다. 그리고 그 의도는 원인이 되어, 결과와 함께 하나로 존재하게 된다. 우리가 원인을 일으키는 데 관여하는 한 그 결과의 영향으로부터 벗어날 방법은 없다. 이렇듯 매우 깊고 오묘한 원리로 우리는 자신의 모든 행위와 생각, 감정에 책임을 지게 된다. 바꿔 말하면, 우리는 자신이 품은 모든 의도에 대해 책임을 지게 되는 것이다."

나는 속으로는 '노'를 외치면서도 겉으로는 '예스'를 말할 때의 내 의도에 대해 살피기 시작했다. 나는 사람들이 내게 화가 나지 않도록, 더불어 나를 착한 사람이라고 생각하게 하려고 '예스'라고 말하고 있었다. 내가 마지막 순간에 무슨 일이 있어도 찾아올 수 있고 기댈 수 있는 그런 사람이라고 느끼게 하고 싶었다. 그리고 그런 의도는 정확히 내 경험에 반영되어 각종 부탁이라는 모습을 가지고 내 삶의 모든 면으로 물밀 듯 밀려들었다.

의도의 이러한 면을 이해하기 시작한 지 얼마 되지 않아 상당한 유명인사가 내게 전화를 했다. 그가 하는 자선 프로젝트에 기부를 해주었으면 한다고 했다. 요청 금액이 상당히 커서 나는 먼저 생각을 해봐야겠다고 대답했다. 그러고서 나는 생각해보았다. '이것이 과연 내가 도와야 한다고 진정으로 믿는 명분의 자선사업일까? 아니, 그렇지 않아. 정말로 내가 수표를 끊어주는 게 어떤 식으로든 변화를 불러올 거라고 생각하는 걸까? 아니, 그렇지 않아. 그런데 왜 내가 하려는 걸까? 그 사람이 나를 구두쇠라고 생각하지 않았으면 하니까.' 그러한 바람은 내게는 더는 수표를 끊을 충분한 이유가 되지 못했다.

그때 내가 적어놓은 말을 나는 지금도 책상에 붙여놓고 있다. "하고 싶다고 내 마음으로부터 진심으로 느낀 일이 아니라면, 나는 그 누구를 위해서라도 절대 하지 않겠다. 내 존재의 세포 한 가닥, 한 가닥이 모두 소리 높여 '예스'를 외치지 않는 한 나는 어떤 모임에도 가지 않고, 전화도 걸지 않고, 편지를 쓰거나 후원을 하거나 그 어떤 행위도 하지 않겠다. 나는 오로지 진실한 의도에 의해서만 행동하겠다."

누구에게 '예스'라고 대답하기 전에 스스로 물어보자. 나의 진정한 의도는 무엇인가? 그 대답은 나의 가장 순수한 부분에서 나와야 한다. 확신이 서지 않아 다른 이의 조언을 구해야 한다면, 먼저 내 안에서 '예스'나 '노'가 소리낼 시간을 주자. 옳은 대답이라면 내 몸 전체가 느끼게 된다.

나는 확실히 알고 있다. 남을 기쁘게 하려는 병을 퇴치하기 전에, 나는 먼저 내가 어떤 사람인지 명확히 이해해야 했다. 예스나 노라는 대답과 상관없이 내가 여전히 선량하고 친절하며 타인에게 잘 베푸는 사람임을 스스로 받아들였을 때, 나는 더는 증명해야 할 것이 없었다. 예전에는 다른 이들이 "저 여자는 자기가 대단한 뭐라도 된다고 생각하나봐"라고 쑥덕댈까봐 두려워했다면, 지금의 나는 꼿꼿이 서서 "이게 바로 나야"라고 용기 있게 말할 수 있는 사람이 되었다.

나는 사람들이 생각하는 것만큼 스트레스를 많이 받지 않는다. 지난 여러 해 동안 나는 내가 가진 에너지를 현재에 집중하고, 매 순간 일어나는 일을 온전하게 인식하는 법을 배웠다. '이런 일이 있어야 했어', '무언가가 제대로 진행되지 않고 있어', '다음엔 무슨 일이 일어날지도 몰라' 등등의 걱정을 더는 하지 않게 되었다. 하지만 나는 여전히 긴장을 푸는 방법을 찾아내야 했다. 해야 할 일이 끔찍할 정도로 많아서 만약 그 방법을 찾지 못했다면 나는 완전히 비효율적인 상황에 처했을 것이다. 그리고 아마도 살짝 제정신이 아닌 상태가 되었을지도 모르겠다.

우리 중 누구도 쉬지 않고 달리기만 할 수는 없다. 당신이 필요로 하는 시간과 보살핌을 스스로 주지 않는다면 당신의 몸은 병과 피로라는 형태를 띠고 저항하게 된다. 그렇다면 어떤 방법으로 자신에게 시간과 보살핌을 돌려줄 것인가?

나의 경우 친구 게일과 거의 매일 이야기를 나눈다. 그리고 밤마다 욕조에 뜨거운 물을 채우고 초를 한두 개 켜놓은 후 몸을 담근다. 허풍처럼 들리겠지만 숨을 깊이 쉬며 긴장을 푸는 동안 타고 있는 촛불에 1분 정도 집중하면 아주 차분해진다. 잠자리에 들기 바로 전에는 책을 읽거나 심야 뉴스를 포함한 TV 프로그램 등을 시청하지 않는다. 불안해지기 때문이다. 게다가 난 어지러운 꿈을 좋아하지 않기 때문에 깨어 있는 시간에 어려운 상황을 미리 처리하면서 내 수면시간을 보호한다. 나는 감사 일기를 쓰고, 주중에는 날이 저물 무렵 멋진 소설을 읽거나 가만히 앉아 자기 중심을 잡으려고 노력하며 마음을 가라앉힌다. 그것을 나는 '생각 버리기'라고 부른다.

선량함이란 이름으로, 다른 모든 이를 위해 자신의 모든 것을 희생해야 한다는 사고방식이 여성들 안에는 마치 프로그램처럼 박혀 있다. 다 희생한 후에 남는 부분이 아주 조금 있다면 그 정도는 가져도 된단다. 우리는 그 프로그램을 해제할 필요가 있다. 우리의 감정과 영혼이 담긴 탱크가 바닥이 보일 때까지 주고 또 준 다음, 연료 없이 습관적으로 작동하는 상태로 들어가게 되면 모든 사람이 지치게 된다. 당신은 더더욱 그렇다.

언젠가 라이프코치가 출연하여 '스스로 보살피기'란 개념을 이야기하는 토크쇼를 찍은 적이 있다. 자기 자신이 느끼는 필요를 다른 누구의 필요보다 우선시하라는 라이프코치의 말에 청중은 야유했다. 자녀가 필요한 것보다 어머니가 필요한 것을 우선시하라는 그 단순한 제안에 여성 청중은 몹시 언짢아했다. 나는 설명을 하기 위해 끼어들었다. "여러분에게 자녀들을 제대로 돌보지 말거나 굶기라고 말하는 사람은 없어요. 라이프코치님의 제안은 자신을 먼저 보살펴야 여러분을 가장 필요로 하는 사람들에게 더 많은 보살핌을 줄 수 있다는 뜻입니다. 비행기의 산소마스크 이야기 아시죠? 자신이 먼저 마스크를 쓰지 않으면 다른 사람을 구할 수 없어요."

잠시 멈추고 당신에게 필요한 것이 무엇인지를 먼저 살펴보자. 생각을 버리자. 내려놓자. 그리고 지금 이 순간이 당신이 확실히 가지고 있는 유일한 순간임을 스스로 일깨우자.

나는 확실히 안다. 호흡은 나의 닻이며 내게 주어진 선물이다. 우리가 모두 지금 이 순간에 중심을 찾을 수 있도록 선사 받은 선물이 호흡이다. 조금이라도 긴장을 느낄 만한 것과 마주칠 때마다 나는 하던 일을 멈추고 숨을 깊이 들이마셨다 내쉰다. 종종 무의식적으로 숨을 멈추고 있는 자신을 깨달은 경험이 누구에게나 있을 것이다. 주의를 충분히 기울여보자. 우리가 놀라울 정도로 줄곧 긴장한 상태임을 알게 될 것이다. 스스로 통제할 수 없는 것을 내려놓고 내 바로 앞에 있는 것에 다시 집중하기 위해서는 천천히, 깊이 숨을 들이마시고 내쉬는 것보다 효과적인 방법은 없다.

고백할 것이 있다. 나는 대양大洋 위를 나는 비행을 두려워한다. 비행기를 탈 때마다 나보다 더 큰 존재(항공학? 혹은 신?)를 향한 신뢰를 꽉 붙들고 믿음의 비행을 해야 할 정도지만 대양 위를 날 때는 유독 더 불안해진다(나는 수영을 잘 못한다). 그럼에도 나는 대륙 사이를 가로질러야 할 때는 비행기를 이용한다. 두려움보다는 큰 존재가 되고 싶기 때문이다.

나는 하와이의 산 위에 집이 있다. 그곳에 가려면 태평양을 건너야 하므로 갈 때마다 두려움을 느낄 거라는 걸 잘 알면서도 나는 그곳에 집을 샀다. 천국 같은 곳이라고 생각했기 때문이다.

몇 해 전, 크리스마스를 지낸 다음 날 우리는 비행 중이었다. 대기에 오랫동안 떠 있어야 했기에 우리는 스크래블 게임을 꺼내고 점심에 대해 생각하기 시작했다. 나의 벗 밥 그린의 아내 유라니아가 크리스마스 만찬에서 남은 것을 싸가지고 왔다.

"으깬 감자는 더 이상 싫어요. 나는 그냥 칠면조 고기만 먹을래요. 검은 살 부분이면 더 좋겠고. 줄콩하고." 내가 말했다.

승무원 카린이 테이블 위로 몸을 기울였다. 나는 그녀가 "검은 살 부분이 남은 게 없어요"라고 말할 줄 알았다. 그녀는 대신 차분하게 말했다. "항공기 앞유리에 살짝 금이 갔어요. 회항해야 합니다."

"오." 내가 대답했다.

"기장님께서 좌석벨트를 매고 산소마스크를 쓸 준비를 하시라고 전했어요."

"산소마스크요? 이 녀석들은 어떻게 하고요?" 반려견들이 내 근처에 늘어져 엎드려 있었다.

"괜찮을 거예요." 카린이 대답했다. "이제 1만 피트 아래로 하강합니다."

나는 카린의 차분함을 본뜨려고 노력했지만, 심장이 쿵쿵 뛰고 목소리가 높아지는 것을 막을 수 없었다. 머릿속에서 갖가지 생각이 속도를 내며 질주했다. *산소가 필요해! 위험해! 산소가 필요해! 위험해! 나 수영 못해! 아, 하느님 아버지!!!*

나는 입을 열지는 않았다. 하지만 나중에 카린이 말하길, 내 두 눈이 자두만큼 컸다고 한다. 돌처럼 침착한 스테드먼이 내 손을 잡고 나와 눈을 맞추며 말했다. "괜찮아요, 괜찮을 거야. 하느님이 당신을 여기까지 데리고 오셨는데, 이렇게 그냥 가게 하실 리가 없잖아. 그걸 기억해요."

금은 점점 커져서 왼편 앞유리 전체가 부서졌다. 우리 자리
에서도 보였다. *쉭쉭, 쿵, 쉭쉭, 쿵.* 항공기에서 으레 나는 소리
에는 익숙했지만, 이번 소리는 달랐다. 귀에 설었다. 4만 피트
상공에서 뭔가 다른 소리를 듣다니, 마음에 들지 않았다.

"이건 무슨 소리죠, 카린?"

"고도를 급속히 낮추면서 기내의 기압을 내리고 있어요. 저
소리는 산소 펌프 소리예요. 조종사들은 만약을 위해서 산소
마스크를 쓰고 있거든요."

'만약이라니 무슨 만약이요?' 그에 대한 대답을 우리 모두
알고 있었기에 나는 입 밖으로 소리내어 묻지 않았다. 만약의
상황이란, 앞유리가 완전히 부서지는 경우일 것이다.

조종사 테리와 대니가 비행기의 방향을 틀었고, 나는 시계를
보았다. 착륙까지 27분. 내가 내면의 목소리를 듣고 오늘 비행
을 하지 않았다면 어떻게 되었을까? 그날 아침 몇 번이나 나는
비행을 취소하고 싶었다. 뭔가 균형이 어긋나고 재촉당하는 기
분에 찜찜했다. 나는 밥 그린에게 전화를 했다. "오늘 안 갈 수
도 있어요."

"왜요?" 그가 물었다.

"비행할 기분이 아니에요. 어떻게 생각해요?"

"오프라의 내면의 목소리는 믿을 만하잖아요? 참고하셔야 할 것 같습니다."

나는 욕조에 있을 때 머리가 잘 돌아가는 편이어서 목욕을 했다. 욕조에서 나올 즈음 나는 조종사에게 전화해서 비행을 취소할 생각이었다. 하지만 전화하지 않았다. 그 기분을 무시해버렸다. 내가 무시하지 않았다면, 앞유리창은 그래도 금이 갔을까? 의심할 바 없이 금이 갔을 것이다. 하지만 우리가 착륙할 육지가 없이 대양 위에 떠 있는 상황에 부닥치게 되지는 않았을지도 모른다.

나는 다시 시계를 보았다. 착륙까지 26분 12초.

시계를 보고 있으면 정신이 나갈 것 같아서 나는 책을 읽기 시작했다. 곧 나는 차분해졌다. 겁이 사라졌다. 결과가 어찌 되든 우리는 모두 괜찮을 것이다. 쉭쉭, 쿵 소리가 포근하게 들리기 시작했다. 산소! 살았다! 산소! 살았다!

물론 우리는 안전하게 착륙했다. 앞유리는 교체되었고, 이튿날 조종사들이 말했다. "준비되면 말씀하세요. 언제든지 날 수 있습니다." 감히 내가 그렇게 빨리 대양 위로 다시 날 수 있을 것인가? 나를 위한 교훈이 무엇이었을까? 내가 그걸 배웠던가?

　내면의 내비게이션이 고장나면 말썽이 생긴다는 것을 나는 확실히 안다. 당신의 직감은 당신의 나침반이다. 나는 배워서 알았고, 이제는 확실히 주지하고 있다. 주의를 산만하게 하는 것을 머리 밖으로 몰아내고 나 자신의 소리에 귀를 여는 것의 중요성을 나는 대기 위에서 다시 배웠다.

내가 진정으로 원하는 것은 무엇인가? 그 소망을 이루기에 어떤 방법이 가장 적절하다고 내 영혼이 말해주는가? 이 두 가지 질문이 여성이 자신에게 물을 수 있는 가장 중요한 질문일 것이다.

그 질문들에 대한 답은 나를 궁극적으로 여성과 소녀들을 돕겠다는 열정으로 이끌었다. 나는 학대를 당하거나 빈곤한 환경 속에 살았던 소녀들을 아주 잘 이해한다. 또한 배움이야말로 자유를 향해 열린 문이며, 황금이 담긴 항아리로 우리를 인도해줄 무지개라고 믿고 있다. 자기 자신을 받아들이고 자신의 강점이 무엇인지 아는 용감한 여성들의 의기를 고양하는 데 내가 가진 시간과 염려, 자원과 연민을 최대한 집중해서 사용하는 것이 가장 효과적인 지원 방법이라는 것을 나는 깨닫기 시작했다. 죽어가는 아이들을 내가 모두 구할 수도 없고, 학대받는 사람들의 일에 일일이 개입할 수도 없다. 우리 중 누구도 그럴 수는 없다. 하지만 내가 가장 주고 싶은 것이 무엇인지 확실하게 깨닫게 되자, 그 의도와 어울리지 않는 것들은 대부분 자연스럽게 떨어져 나갔다.

오랜 세월 집중하는 법을 배우면서 나는 외부의 압력이나 내 주의를 산만하게 하는 것들을 떨쳐내고, 대신 나의 마음속 깊은 곳에 깃든 직감, 즉 '잠깐만. 뭔가 옳지 않아. 제발 잠시 멈춰서 조정을 해봐'라고 귀띔하는 속삭임에 귀를 기울여야 한다는 강력한 교훈을 배웠다. 내게 있어 '의심'은 종종 '하지 마세요'를 뜻한다. 움직이지 마세요. 대답하지 마세요. 서두르지 마세요. 다음 단계에 무엇을 해야 할지 확신이 서지 않거나 어떤 요청에 열광이 느껴지지 않는다면, 그것은 일종의 신호다. 직감이 진행하라는 신호를 보낼 때까지는 그저 멈추라는, 나 자신이 보내는 신호다. 확신이 들지 않는다면, 내 영혼이 '나는 계속 변하고 있어요. 당신을 위해 결정할 수가 없어요. 뭔가 균형이 맞지 않아요'라고 속삭이고 있는 것이다. 나는 그것을 신호로 삼아, 최종 결정을 내리기 전에 내 중심을 바로 잡는다.

우주가 나를 가장 좋은 방향으로 힘주어 이끌 때 '글쎄'나 '내가 해야 할까?' 또는 '해도 될 것 같은데'라는 말은 들리지 않는다. 우주가 내게 진행하라고 신호를 보내면 나는 언제나 확실히 안다. 왜냐하면 내 안의 모든 것이 떨쳐 일어나 "예스!"라고 외치기 때문이다.

쉰 살 생일을 맞을 무렵 나는 그 어느 때보다도 더 예민하게 시간을 의식하게 되었다. 내 영혼의 가장 순수한 부분을 통해 나는 시간의 유한함을 거의 원시적 수준으로, 본능적으로 이해하게 되었다. 그 느낌은 내가 하는 모든 일에 스며들어, 내가 매 순간에 어떤 반응을 보일지에 큰 영향을 미쳤다. 나는 모든 경험과 모든 깨달음을 보다 의식적으로 느끼며 감사하게 되었다.("와, 난 아직도 이곳에 있어! 잘못을 수정할 기회가 오늘 다시 왔어!")

나는 여전히 모든 경험을, 심지어 부정적인 경험 또한 내 안으로 받아들여 흡수하려고 노력한다. 설사 아침 1분에 불과하더라도 나는 짬을 내어 천천히 숨을 쉬고, 이 세상과 그 외의 세계에서 숨을 쉬고 진동하는 다른 모든 존재와 나 사이에 존재하는 교감을 느껴본다. 이렇게 우주의 무한함과 관계를 맺게 되면서 나는 그와 대비되는 시간의 유한함이 더 맛나게 느껴졌다.

나는 확실히 안다. 그저 나 자신으로서 존재할 시간을 자신에게 선사하는 것은 인간으로서의 의무를 다하는 데 꼭 필요하다. 그래서 나는 내게 일요일을 선사한다. 가끔은 하루 종일 파자마를 입은 채 보내고, 가끔은 나무 밑에서 자연과 벗하며 예배를 드린다. 나는 대체로 일요일에는 아무것도 하지 않으며 (나는 이를 '빈둥거린다'고 표현한다), 뇌와 신체가 긴장을 풀도록 그저 그대로 놓아둔다. 잠시 삐끗해서 일요일의 휴식을 놓칠 때면 다음 주 내내 내 기분에 확실한 변화가 온다. 한 번도 어김이 없었다.

자신에게는 아무것도 주지 않고 다른 이들에게만 나눠줄 수는 없는 법이다. 그렇게 한다면 결국 우리는 텅 비게 되고, 아무리 노력해도 자신과 가족, 일과 관련하여 우리가 이룰 수 있는 성취에 도달하지 못한다. 그러니 자신을 위해서 나라는 우물을 다시 채우자. 그럴 시간이 없다고 생각하는 사람은 '나는 나 자신에게 줄 삶도, 나를 위해서 살 삶도 없어요'라고 말하는 셈이다. 하지만 자신을 위해 살아갈 삶이 없다면, 우리가 이곳에 있을 이유가 무엇이겠는가?

10여 년 전, 나는 커다란 교훈을 하나 배웠다. 일요일을 온전히 나를 위한 시간으로 따로 떼어놓았음에도 전화벨은 어김없이 울려댔다. 나는 전화를 받았고, 그럴 때마다 기분이 상하고 전화를 한 사람에게 짜증이 났다. 그런 나에게 스테드먼이 물었다. "오프라, 통화하고 싶지 않으면서 왜 자꾸 전화를 받는 거요?" '아하!'의 순간이었다. 전화벨이 울린다고 해서 내가 꼭 받아야 하는 것은 아니다. 내 시간을 어떻게 쓸지 결정하고 통제하는 것은 나 자신이다. 설혹 시간과 일정이 나의 통제를 벗어나 엉망진창이 된 것처럼 보인다 해도 그것은 결국 자신의 탓이다. 당신의 시간을 보호하라. 당신의 시간은 곧 당신의 인생이다.

우리는 종종 최상의 것을 고집한다. 그래야만 자신의 '삶의 품격'을 보장받을 수 있다고 생각하기 때문이다. 다른 측면은 내팽개치더라도 제일 좋은 시계나 지갑이나 자동차나 부동산을 갖고 있기만 하다면, 내가 최고이며 더 많은 최상의 것을 가질 자격이 있다고 자신에게 말할 수 있을 것 같기 때문이다.

내가 확실히 아는 것은, 최상의 것을 소유하는 것이 최고의 삶을 산다는 것의 대체품이 될 수 없다. 무엇을 손에 넣고자 하는 욕망을 내려놓자. 그러면 당신이 바른길에 제대로 들어섰다는 사실을 깨닫게 될 것이다.

내 입에서 이런 말이 나오리라고는 상상도 못했지만 그래도 해야겠다. 나는 웨이트 트레이닝을 즐기게 되었다. 근육을 만들때 느껴지는 강인함과 단련의 감각이 몸에 착착 붙는다. 무엇보다도 나는 웨이트 트레이닝을 통해서 인생에 대한 교훈을 배웠다.

나는 여러 가지 방법을 시도해보았다. 웨이트 트레이닝을 매일 하기, 격일마다 하기, 이틀 하고 하루 쉬기 등등. 그중에서 매일 하는 것이 제일 효과가 적었다. 쉬지 않고 계속 웨이트 트레이닝을 하면 근육 조직이 파괴되기 때문이다. 우리 정신과 영혼에도 마찬가지 논리가 적용된다. 우리가 에너지를 재충전할 기회를 자신에게 주지 않으면 인생의 모든 연결조직이 무너지기 시작한다.

모든 일을 계속 변함없이 유지하려고 하다 보면 스트레스가 생긴다. 우리는 우리 자신에게 휴식할 시간을 주어야 한다. 일정표에 10분이 비어 있다고 해서, 내가 그것을 반드시 채우고 싶은 건 아니라고 언젠가 비서에게 말한 적이 있다. "내 철학이

설파하는 걸 직접 실천해봅시다"라고 나는 말했다. 그 말은 내가 숨 쉴 수 있는 공간이 내 일과의 일부가 되어야 함을 뜻했다.

그래서 나는 짧은 고요함의 순간을 일정표에 넣기 시작했다. 그때가 되면 적어도 10분 동안은 아무것도 하지 않는다. 때때로 나는 그저 반려견의 배를 문지르거나 공 던지기 놀이를 짧게 한다. 산책하러 나가거나 책상 앞에 가만히 앉아 있기도 한다. 효과는 실로 놀랍다. 자신에게 짧은 휴식을 줄 때마다 에너지가 더 샘솟는 것이 느껴진다. 그다음에 해야 할 모든 일에 더 나은 기분으로 대처하게 된다.

약간의 휴식만으로도 오랫동안 생생하게 지낼 수 있다는 것을 나는 확실히 안다. 그래서 내게 그 시간을 주는 것에 대해 손톱만큼의 죄책감도 느끼지 않는다. 내 연료 탱크를 채웠기 때문에, 나는 다음 단계가 왔을 때 불끈불끈 솟는 힘으로 무슨 일이든 해치울 준비가 되어 있을 것이다. 완전히 회복된 상태로 말이다.

나는 운동이 필요한 이유를 언제나 잘 알고 있다고 생각했다. 뚱뚱한 엉덩이를 가지지 않기 위해서가 아닌가. 하지만 2005년, 요하네스버그를 방문했을 때 나는 비로소 운동이 필요한 진정한 이유를 알게 되었다. 당시에 나는 요하네스버그 인근에 건립 중이던 '리더십 여학교'를 방문할 계획이었고 일정은 빠듯했다. 방문지에 이르렀을 때 시차 때문에 피곤했던 나는 이튿날 아침 7시에 자리에서 일어나 운동하는 일정을 건너뛰기로 했다. 대신 모자란 잠을 채우기 위해 침대에서 한 시간을 더 머물렀다. 그것이 도착 첫날 내가 한 변명이었다. 3일째 되던 날은 러닝머신이 문제였다. 러닝머신 바닥의 쿠션이 적당치 않아 무릎에 부담이 갈 것 같았다. 이렇게 운동을 하지 않은 채 3일이 지나자 건강한 체중을 유지하자는 나의 다짐이 스러졌다. 운동하는 것보다는 나 자신에게 거짓말을 하는 게 더 쉬웠다. *너무 피곤해. 너무 바빠. 시간이 없어* 등등의 변명과 함께 끝없는 추락이 시작되었다.

불행히도, 운동을 하겠다는 나의 다짐은 건강한 식생활을 유지하겠다는 다짐과 직접 연결되어 있었다. 따라서 하나가 무너지면 다른 하나도 자연스럽게 무너졌다.

호텔 음식이 별로 마음에 들지 않았던 나는 누구나 만들 수 있는 다른 요리를 요청했다. 으깬 감자요리였다. 요리사들은 흔쾌히 만들어주었고, 나는 요하네스버그에 머무는 열흘 내내 밤마다 으깬 감자와 빵을 먹었다. 열흘 동안 당지수가 높은 음식을 먹고 전혀 운동하지 않은 결과로 5킬로그램이나 살이 쪘다.

체중 증가보다도 더 문제였던 것은 내 전반적인 상태였다. 기진맥진했고, 노곤했다. 이전에는 없었던 통증이 갑자기 나타났고 몸 여기저기가 당기기 시작했다.

'아하! 지금 이 순간'이 나를 덮쳤다. 그때야 나는 마침내 이해하게 되었다. 우리가 우리의 몸을 보살피고 지원하면 그것은 우리에게 보답한다. 가장 기본적인 것이 운동이기에 우리는 좋아하든 그렇지 않든 운동을 해야 한다. 운동이 주는 핵심적인 효과는 에너지의 증가다. 체중 조절은 보너스에 불과하다. 내가 확실히 아는 것은, 어떤 상황에서도 몸을 관리하는 것은 의미 있는 투자이며, 그 투자에서 거두는 이익은 가치를 매길 수 없을 만큼 값지다는 것이다.

에크하르트 톨레의 책 『삶으로 다시 떠오르기』에서 배운 많은 교훈 중 하나가 '나와 내 몸은 같지 않다'는 것이었다. 톨레의 생각을 자세히 공부한 후, 나는 의식이나 영혼, 또는 내면의 영성(우리의 본질을 뜻하는 형태 없는 존재를 뭐라고 칭하건 간에)에 훨씬 더 가까이 닿아 있는 것처럼 느꼈다.

뚱뚱한 나를 미워하고 날씬한 나를 원하며 낭비한 그 오랜 시간을 생각해보았다. 내가 먹은 크루아상에 대해 죄책감을 느끼다가 탄수화물을 포기하고, 그다음엔 단식을 하고, 그다음에는 다이어트를 하다가 다시 다이어트를 안 한다는 점을 걱정하고, 새로 다이어트(월요일이나 명절 휴일 또는 큰 행사 후에 시작할)를 시작하기 전에 내가 원하는 걸 다 먹어치우며 낭비한 시간을 생각해보았다. 새 옷을 입어본다는 생각 자체를 혐오하고 어떤 옷이 맞을 것인가, 체중계 바늘이 어디까지 갈 것인가 생각하며 낭비한 모든 시간, 나를 있는 그대로 사랑하는 데 썼을 수도 있는 그 모든 에너지를 떠올려보았다.

나라는 사람, 당신이라는 사람…… 우리는 무엇일까? 우리는 우리의 신체가 아님을, 우리에게 보이는 신체의 형상은 더욱 아님을 나는 확실하게 안다. 하지만 우리가 어떤 것에 관심을 두면 그 대상은 더 커지기 때문에, 내가 체중에 관심을 두자 나는 더 뚱뚱해졌다. 예전 사진을 보면서 내가 처음으로 하는 생각은 사진을 찍었던 당시의 행사나 경험이 아니라, 사진에 보이는 나의 체중과 치수가 어땠나 하는 것이다. 그것이 내가 숫자라는 프리즘을 통해서 나 자신을 보고 판단하는 법이기 때문이다. 정말 시간 낭비다.

나는 이제 체중을 재지 않는다. 또한 나는 더는 숫자를 통해 나를 가늠해보고 내가 좋은 기분을 느낄 가치가 있는지 판단하지 않을 것이다. 그렇게 함으로써 내가 얼마나 가식적이고 보잘것없는 사람이 되었는지를 인식하며 나는 각성했다. 당신은 당신의 몸이 아니다. 당신 몸이 나타내는 형상은 더더욱 아니다.

나는 시간을 낭비하지 않으려고 애쓴다. 나 자신을 낭비하고 싶지 않기 때문이다. 어두운 에너지를 품은 사람들이 내가 이 세상에서 사용할 수 있는 시간을 조금이라도 빼앗도록 놔두지 않기 위해 노력한다. 나 자신과 나의 시간(곰곰이 생각해보면, 이 둘은 결국 같은 것이다)을 포기하는 큰 대가를 치른 후에야 그 교훈을 배웠다. 다른 사람들의 망가진 자아에 빨려 들어가 그들이 품은 어둠에 내가 품은 빛, 즉 나와 다른 이들을 위해 써야할 빛을 빼앗기는 경험을 한 후에야 배울 수 있었다. 나는 내게 주어진 시간을 사용하는 방법이 나라는 사람을 정의한다고 확신한다. 그리고 나는 나의 빛이 영원히 빛나기를 바란다.

그래, 옳다. 인정한다. 나는 구두가 너무 많다. 청바지도 너무 많고, 치수 8에서 고무줄 허리에 이르는 다양한 종류의 검정색 치마가 말 그대로 산처럼 쌓여 있다. 민소매 티나 티셔츠, 스웨터를 빼놓으면 섭섭하다. 다른 말로 하자면, 나는 너무 많은 것을 가지고 있다는 문제가 있다. 어느 날, 나는 자신에게 묻기 시작했다. 내 소지품이 내게 즐거움과 아름다움과 유용함을 선사하는가, 아니면 그저 짐일 뿐인가?

나는 오로지 나를 기쁘게 하거나 내 삶의 질을 높여주는 것만을 간직하기로 했다. 정리 전문가 피터 월시Peter Walsh는 그의 책 『이미 차고도 넘쳐!Enough Already!』에서 다음과 같이 주장한다. 우리의 집은 "물건으로 넘쳐흐르고 우리 인생은 그러한 물건이 지키지 못한 텅 빈 약속으로 지저분하게 꽉 차 있다." 그는 "…… 물건을 살 때 우리는 실은 우리가 소망하는 삶을 구매하고 싶어 한다…… (하지만) 물건을 더 축적하는 것으로 원하는 삶을 좇으면 결국 막다른 골목에 이르게 된다"고 말한다.

가진 게 많다고 해서 인생이 더 활기차지지 않는다는 것은 내가 잘 안다. 그런데 나의 진정한 정체성을 구현하기 위해서는 생기에 넘치는 활기찬 인생을 살아야만 한다. 우리가 여기 있는 이유가 달리 있는 것이 아니다.

물건이 차고 넘치는 이들에게는 물건 그 자체를 훌쩍 뛰어넘는 많은 뒷이야기가 있다. 그런 사람들은 물건을 버려야 한다는 걸 인정하면서도 막상 없애려면 초조해진다. 그럼에도 필요 없는 물건을 정리하는 것이 더 많은 것을 품을 수 있는 공간을 열어준다는 것을 나는 잘 알고 있다. 그것은 나와 신발과의 관계에만 적용되는 것은 아니다. 다른 모든 것과의 관계에서도 마찬가지다. 집을 치우는 것은, 직설적으로도 비유적으로도, '새로 고침' 버튼을 누르는 아주 좋은 방법이다.

우리의 인생을 청소하는 데는 다양한 방법이 있다. 신발 기부만의 이야기가 아니다.

무언가를 결정할 때 판단해보자. 그 결정을 통해 자기 관리와 자기 존중, 자기 가치의 덕목을 행사할 수 없다면 그런 결정 따위는 집어치우자.

나와 관계를 맺고 있는 사람들이 내게 에너지를 주고 나의 개인적 성장을 돕고 있는지, 아니면 삐걱거리는 분위기에서 낡은 대본을 읊으며 내 성장을 막고 있는지 스스로 물어보자. 다정하고 모든 것을 향해 마음을 열어젖힌, 자유롭고 때론 즉흥적이기도 한 나를 지지하지 않는 사람들은 정리하는 것이 옳다.

나에게 더는 이롭지 않은 낡은 습관이나 성향은 없애버리자.

직장에서는 비효율성의 잡동사니를 줄이는 데 그치지 말고 업무량을 균형 있게 조정하자. 자신의 업무를 타인에게 영감과 힘을 더해주고 협동을 이끌어내는 활기찬 일로 만드려고 노력하자.

나는 미래를 위해 날씬하고 깨끗해지고 싶으며, 내 날개에 묻은 먼지를 털어내고 싶다. 그렇게 하면 더 쉽게 날 수 있을 것이 확실하기 때문이다. 우리의 진실한 모습을 돋보이게 하지 않는 것들은 없애버리자. 그것이 바로 진정한 정리정돈이며, 우리가 점점 더 자신의 본모습에 가까워지는 것과 더불어 그 과정도 계속 진화해 나갈 것이다.

그리고 넘치는 신발들에게 안녕을 고하는 것은 정말로 괜찮은 출발점이 될 것이다.

8장

힘
Power

"더 잘 알게 되면, 더 잘하게 된다."
– 마야 안젤루(미국의 시인이자 소설가)

폴 사이먼Paul Simon이 부르는 〈때를 잘 맞춰 태어난Born at the Right Time〉이란 노래를 들을 때마다, 나는 그가 나에 대한 노래를 부르는 것이 틀림없다는 생각을 하곤 한다. 내가 이 세상에 도착한 것은 1954년. 남부연합 중에서도 흑인에 대한 집단폭행이 가장 잦았던 미시시피 주에서 태어났다. 흑인 남성이 자기 일만 생각하며 거리를 걷는 것만으로도 백인들의 질책이나 희롱의 대상이 되기 일쑤인 시절이었다. 흑인이 좋은 직업을 가졌다는 말은, 대놓고 그를 '니그로'라고 부르지 않는 '착한' 백인 가정을 위해 일한다는 것을 뜻하기도 했다. 여전히 짐 크로 법Jim Crow Laws이 발효 중이며, 흑백분리가 성하고, 흑인 선생들(그들 자신도 제대로 교육 받지 못한)은 백인 학교에서 내다버린 낡아빠진 교과서를 사용할 수밖에 없던 시절이었다.

그러나 내가 태어난 해, 변화의 계절이 시작되었다. 1954년 미국 대법원은 브라운 대 교육위원회Brown vs. Board of Education 소송(1951년에 올리브 브라운이라는 흑인 남성이 집에서 가까운, 백인들만이 다니는 섬너 초등학교로 딸의 전학을 신청했으나, 피부색이 다르다는 이유로 거절당하자 제기한 소송 — 옮긴이)에서 흑인이 동등한 교육을 받을 권리가 있다고 판결했다. 미국 전역의 흑인들의 삶이 개선되리라는 희망이 피어나게 한 판결이었다.

우주가 우리를 지은 모습에 따라 우리는 자유의지의 권리를 지니고 태어난다고 나는 항상 믿어왔다. 그리고 단언컨대, 모든 영혼은 자유를 갈망한다. 1997년에 영화 〈빌러비드〉의 세드 역을 준비하면서 나는 '지하철도Underground Railroad(흑인노예들의 탈출을 위한 비밀경로 — 옮긴이)'의 일부를 경험하는 여행을 기획했다. 노예제도에서 벗어난 삶, 즉 내게 이래라저래라 명령할 주인이 없는 삶과 권리를 찾아서 북부로 탈출을 감행한 노예가 숲을 방황하는 것이 어떤 느낌인지 직접 느끼고 싶었다. 하지만 눈을 가린 채 숲에 남겨져 어느 방향으로 가야 안전가옥이 나올지 홀로 고민하게 되었을 때, 나는 처음으로 자유의 본질이 '내게 명령할 주인이 없는 것'이 아니라는 걸 알게 되었다. 자유란, 스스로 선택할 권리를 가지는 것이었다.

영화에서 세드는 자유를 찾아 여행하는 것이 어떤 것인지 설명한다. "여기에 온 후로 아이들을 더 사랑하게 된 것 같아요. 아니, 켄터키에 있을 때는, 그곳에 머무르는 한은 그애들은 '내 것'이 아니기 때문에 내가 사랑해줄 권리가 없다고 느낀 건지도 모르겠어요…… 가끔 아들 녀석들이 웃는 소리를 듣는데 소리가 예전하고 완전히 달라요. 지금도 웃음소리가 나면 일단 겁부터 나요. 누가 듣고 화를 낼까봐요. 하지만 곧 기억하죠. 아이들이 배가 아플 정도로 정신없이 웃는다고 해도 그걸로 끝날 뿐이라는 걸요. 시끄럽다며 혼나고 매 맞을 일이 없다는 걸 기억하죠." 그녀는 다른 말도 한다. "아침에 잠이 깨면 오늘은 무엇을 할지 나 스스로 결정하게 되었어요." 세드의 대사는 마치, '생각해보세요, 내가 결정을 하는 거예요'라며 신기해하는 듯한 그런 말투였다. 나는 대사에 실린 힘을 느끼며 촬영 내내 그 대사를 말하고 또 말했다.

촬영이 끝난 지 여러 해가 흐른 지금도 세드의 대사는 나와 함께 하고 있다. 나는 매일 그 대사를 읊으며 기쁨에 젖는다. 때때로 침대에서 나오기 전에 제일 먼저 그 대사를 생각하기도 한다. '생각해보세요, 내가 결정을 하는 거예요.' 나는 아침에 잠이 깨어 그날 내가 무엇을 할지 스스로 결정할 수 있다. 이 얼마나 멋진 선물인가.

우리는 모두 그 선물을 소중히 여기고, 당연하게 여기지 말며 한껏 기뻐해야 한다. 지구상에서 행해지는 수백여 건의 잔악무도한 행위에 대해 들은 후, 나는 미국에서 태어난 여성은 세계에서 가장 운이 좋은 여성에 속한다는 것을 알게 되었다. 이 행운을 받아들여 우리의 삶을 고양시키며 인생의 가장 중요한 부름에 답해보면 어떨까. 자신의 길을 스스로 선택할 권리가 우리가 가진 성스러운 특권임을 깨닫고 그것을 이용하자. 가능성 안에서 살자.

난 소위 '방콕족'이다. 꽉 찬 내 일정표를 생각하면 믿기 어렵 겠지만 항상 그런 편이었다. 나는 보통 일이 끝나면 바로 집으로 향해서 7시 전에 저녁식사를 마치고 늦어도 9시 30분경에는 침대로 올라간다. 심지어 주말 동안에도 나는 집에 있는 것이 제일 좋다. 성인이 된 후 대부분 시간을 대중의 눈앞에서 보낸 터라, 사적인 공간을 마련하는 것은 내게 중요한 일이다. 은신처, 또는 일종의 비밀의 집이라고나 할까.

여러 해 전, 골디 혼이 말하길 자신의 집을 '뒷말 금지 구역'으로 선포하면서 자신만의 안전지대가 생겼다고 했다. 언어폭력 방지를 위한 전국적 캠페인 '말은 치유할 수 있어요Words Can Heal'에 참여하는 의미로, 골디와 그녀의 가족은 남을 무시하고 타인에게 해를 끼칠 수 있는 단어들 대신 타인을 응원하고 돕는 단어들을 쓰겠다고 서약했다. 의식을 고양하는 언어를 사용하겠다는 그녀의 선택은 언젠가 마야 안젤루가 내게 전해준 진실과 같은 선상에 있다. 마야는 이렇게 말했다. "부정적인 것은 힘이 있다고 나는 확신해요. 부정적인 것이 당신의 집과 머릿속, 당신 인생에 내려앉도록 허용한다면, 그건 당신을 파멸시킬 수 있어요. 부정적인 말들은 나무 장식으로 기어 올라가고, 가구로 스며들고, 그러다 문득 정신을 차리면 당신의 피부 위에 들러붙어 있겠죠. 부정적인 말은 독이에요."

부정적인 말이 얼마나 큰 상처를 낼 수 있는지를 나는 아주 일찍 발견한 사람이다. 방송 일을 시작하고 얼마 지나지 않았을 때, 타블로이드지가 나에 관한 거짓말들을 기사화하기 시작했을 때 나는 큰 충격을 받았다. 기사의 내용이 너무 왜곡되었다고 느꼈고 사람들이 그 거짓말을 믿으면 어떡하지 걱정하며 많은 에너지를 낭비했다. 나에 관한 거짓말을 한 사람들 모두에게 전화를 걸고 따져서 나 자신을 방어하고 싶은 충동과 싸워야 했다.

내가 지금은 확실히 알고 있는 것을 그때는 알지 못했을 때였다. 누군가가 당신에 대한 거짓을 퍼뜨릴 때, 그런 행동을 하는 진짜 이유는 실은 당신 때문이 아니다. 그런 일은 절대 없다. 뒷말이란 전국을 휩쓰는 소문이든 친구 사이의 불평이든, 그 말을 입에 낸 사람들이 느끼는 열등감을 반영한다. 대부분의 경우, 우리가 누군가의 뒤에서 그들에 대한 부정적인 말을 하는 것은 우리에게 힘이 있다고 믿고 싶기 때문이다. 무슨 이유에서건 우리가 스스로 무력하고 무가치하다고 느끼며 상대 앞에서 솔직하게 이야기할 만큼 용기가 없기 때문이기도 하다.

상처주는 말을 하는 이는 자기 자신과 그 말을 함께 나누는 사람들 모두에게 '우리는 신뢰받을 수 없는 사람이야'라는 메시지를 보내는 것과 같다. 누군가가 자기의 '친구'를 헐뜯는다면, 그 사람이 또 다른 사람을 비방하지 않을 리가 없지 않은가? 뒷말을 한다는 것은, 우리가 불만을 품은 사람에게 직접 이야기할 만큼 담대하지 않으며, 비겁한 방식으로 그들을 비하한다는 뜻이다. 극작가 줄스 파이퍼는 뒷말을 하는 것은 작은 살인을 범하는 것과 같다고 지적한다. 그것은 겁쟁이의 암살 시도와 같다.

우리는 뒷말에 열광하는 문화를 가진 시대에 살고 있다. 누가 무엇을 입었고, 누구는 누구와 데이트를 하며, 가장 최근 성 추문에 연루된 사람이 누구라는 등등. 우리가 우리의 가정과 인간관계, 우리의 삶을 뒷말 금지 구역으로 선언한다면 어떻게 될까? 얼마나 많은 시간이 새로 생겨나는지 아마 놀랄 것이다. 우리는 그 시간을 타인을 헐뜯는 것보다 훨씬 더 의미 있는 일, 예를 들면 우리의 꿈을 쌓는 일에 쓸 수 있다. 우리 가정은 진실의 기운으로 가득 차서 손님들이 신발을 벗어젖히고 한

동안 쉬고 싶은 그런 곳이 될 것이다. 그렇게 우리는 말이 파괴의 힘을 가지고 있지만 반대로 치유의 힘도 가지고 있다는 것을 기억하게 될 것이다.

나는 TV 시청을 즐기는 편이 아니고 그랬던 적도 없다. 모순적이라고 느낄 사람들도 있을지 모르겠지만, 옛 시트콤 드라마 〈앤디 그리피스 쇼〉의 재방송을 제외한다면 〈메리 타일러 무어 쇼〉가 종영한 날 밤을 마지막으로 나는 시트콤 드라마를 정기적으로 보는 것을 그만두었다. 집에 있을 때는 심야 뉴스도 보지 않는다. 잠 들기 전에 강한 부정의 에너지를 받고 싶지 않기 때문이다. 휴가를 보낼 때도 숙소 침실에 TV를 들여놓는 일이 거의 없다. 어쩌다 내가 TV 채널을 이리저리 돌려보는 날이면, 여성을 성적으로 이용하거나 여성을 상대로 한 폭력이 묘사되는 프로그램이 적어도 하나쯤은 어김없이 나오는 걸 보게 된다.

TV 방송인으로 활동하던 초반, 나는 미처 깨닫지도 못한 채 '오락 연예'라는 이름 아래 무책임한 프로그램을 방영한 적이 있다. 나와 스태프 한 명은 간통을 포함한 성 추문을 일으킨 어느 남편을 토크쇼 손님으로 초빙했고, 수백 명의 시청자가 보는 가운데 아내는 배우자가 부정不貞을 저질렀다는 사실을 토크쇼 무대에서 처음으로 듣게 되었다. 나는 그 순간을 결코 잊지 못할 것이다. 여인의 얼굴에 떠오른 수치와 절망의 표정에 나는 너무나 부끄러웠다. 그녀를 그런 상황에 처하게 한 것이 바로 나였다. 바로 그때 나는 다른 사람들의 품위를 손상하거나, 수치스럽다는 감정을 느끼게 하거나, 그들을 작아지게 만드는 프로그램에 절대로 손대지 않겠다고 결심했다.

우리가 오랫동안 품어온 생각은 우리 자신이 된다는 것을 나는 확실히 안다. 여성이 무언가를 생각하면 그녀는 그런 존재가 된다. 우리가 우리의 위대함을 반영하지 않는 형상이나 메시지를 계속 접하면 우리는 마치 생명력이 빠져나간 것처럼 느끼게 된다. 또 우리가 매주 몇 시간 동안 잔혹한 내용의 프로그램을 몇 십 개씩 튼다면, 아이들이 폭력을 갈등 해소의 적합한 방식으로 받아들인다 해도 놀라서는 안 될 것이다.

나 자신이 내가 보고자 하는 그 변화가 되자.

이 말은 내가 삶의 기준으로 삼고 따르는 말이다. 하찮게 만들기보다는 고양하자. 부숴버리기보다는 다시 짓자. 속이기보다는 우리 모두 더 높은 곳에 설 수 있도록 길을 밝히자.

후퍼 선생님의 5교시 수학 시간. 내가 곧 치를 시험을 걱정하며 자리에 앉아 있을 때 인터콤을 통해 교내 방송이 흘러나왔다. 특별한 손님이 강연하러 오셨으니 강당으로 모이라는 것이었다. *살았다! 만세!* 오늘 수학 수업은 이걸로 끝이란 생각에 나는 혼잣말을 했다.

반 친구들과 한 줄로 서서 강당 안에 들어갈 때 내 머릿속에는 수업에서 탈출했다는 생각뿐이었다. 나는 의자에 앉아 또 다른 지루한 시간에 대비해 졸 채비를 갖췄다. 하지만 다른 누구도 아닌 제시 잭슨 목사가 강연자로 소개되었고, 킹 목사가 저격당한 날 그와 함께 있던 흑인 인권 운동가가 그날의 강연자임을 알았을 때 나는 몸을 좀 곧추어 세웠다. 그 순간에는 미처 몰랐지만 나는 그날 내 일생일대의 강연을 들을 운명이었다.

1969년이었다. 나는 성적표에서 A와 B를 받는 우수한 학생이었고 최선을 다하는 것이 중요하다는 것쯤은 이미 잘 알고 있다고 생각했다. 하지만 그날 잭슨 목사는 내 안에 불을 지펴며 내가 삶을 보는 방식을 바꾸어놓았다. 그의 강연은 우리 선조들이 치른 개인적인 희생에 관한 것이었다. 그들이 어떤 경로로 이곳에 와서 머무르게 되었건 그들은 우리 모두를 위해 희생을 치렀다고 강조하면서, 그런 류의 희생에 관해서도 덧붙였다. 또한 우리보다 먼저 이 세상에 와서, 우리가 내슈빌의 흑백 통합 고등학교에 앉을 수 있도록 길을 닦아준 사람들에 관해서도 이야기했다. 그는, 지금의 우리는 자신에게 탁월함을 빚지고 있다고 하면서 지금보다 더 탁월해질 의무가 있다고 말했다.

"탁월함은 인종차별을 막는 가장 강력한 억제책입니다. 그러므로, 탁월해지십시오."

나는 그의 말을 그대로 받아들였다. 그날 저녁 집에 갔을 때 나는 마분지를 찾아내서 그가 말한 문구를 적어서 포스터를 만들었다. 그 포스터는 그때부터 대학 시절까지 내내 거울 위에 머물렀다. 시간이 흐르며 나는 포스터에 나의 글귀들을 덧붙여나갔다. "성공하고자 한다면 탁월해져라.""이 세상이 제공하는 가장 최상의 것을 원한다면 너 또한 세상에 최상의 너를 제공하라."

그러한 구절들은 내가 수많은 장애물을 넘는 데 도움을 주었다. 내가 최선을 다하지 않았다는 것이 명백했을 때조차 그랬다.

지금도 나는 탁월해지려고 한다. 나눔에 탁월할 것. 호의를 베풂에 탁월할 것. 노력하는 것에 탁월할 것. 투쟁과 대결에 탁월할 것. 내게 있어 탁월함이란 어떤 경우에도 최선을 다하는 것을 뜻한다. 돈 미겔 루이스의 책 『네 가지 약속』에 나오는 마지막 약속이 바로 그것이다. '언제나 최선을 다하라'. 이것이 우리가 자유로 가는 가장 만족스러운 길임을 나는 확실히 안다. 루이스에 의하면, 우리의 최선은 그날의 기분과 상태에 따라 달라진다고 한다. 하지만 상관없다. 모든 상황에서 최선을 다한다면 자기 자신을 꾸짖으며 판단하고 죄책감과 부끄러움을 느낄 일이 없을 것이다. 하루를 마감할 때 "나는 정말 최선을 다했어"라고 말할 수 있도록 하루하루를 살자. 그렇게 우리는 최상의 삶을 산다는 위대한 과업에 탁월해질 수 있다.

아버지는 나를 키우면서 빚을 지는 것이 얼마나 끔찍한 일인지를 내 머릿속에 주입했다. 빚이 있다는 것은 게으르다는 것이며 아버지의 표현에 의하면 '빈둥거림'과 같은, 거의 성격적인 결함으로 취급되었다. 그래서 내가 집을 떠난 지 채 1년이 지나기도 전에 1,800달러의 빚을 지게 되었을 때, 나는 내가 실패했다고 느꼈다. 아버지에겐 절대 말할 수 없는 것이었으며, 감히 돈을 빌릴 생각은 꿈도 꿀 수 없었다.

대신 나는 21퍼센트 이율의 대출을 받았다. 저녁은 곡물 건포도 시리얼로 대충 때우기 일쑤였으며, 내가 살 수 있는 가장 저렴한 자동차를 샀다. 바퀴 위에 놓인 버킷이라고 내가 비웃었던 그 자동차는 나를 직장과 집 사이로 날라다주긴 했다. 나는 십일조를 교회에 냈고 옷은 1년에 단 한 번만 샀다.

대출을 다 갚은 후, 나는 내가 제때 낼 수 있는 액수보다 더 큰 액수의 고지서를 받는 일은 이젠 다시는 없으리라 맹세했다. 내 능력치를 넘어서는 소비를 했을 때 느끼는 그 기분이 너무 싫었다.

아버지는 세탁기와 건조기, 새 냉장고 등 중요한 물건을 사기 위해 저축을 했다. 내가 1976년에 내슈빌의 집을 떠날 즈음에도 새 TV는 들여놓지 않았다. 아버지는 '돈이 마땅치가 않다'고 했다. 오프라 쇼의 전국 방영이 결정되었을 때, 내가 아버지에게 처음으로 사드린 것이 바로 컬러 TV였다. 물론 전부 현금으로 샀다!

사람들이 어째서 빚을 지고 인생을 살아가기를 선택하는지가 내게는 언제나 수수께끼였다. 오프라 쇼에 출연하여 경제적 곤궁에 관해 이야기했던 어느 부부를 나는 결코 잊지 못할 것이다. 결혼한 지 불과 9개월 남짓된 신혼이었음에도, 그들의 관계는 거대한 비용의 무게에 눌려 이미 위태로웠다. 그들은 멕시코 해변에서 치른 결혼식 비용의 대부분을 신용카드로 긁었다. 하객 일부를 위한 호텔 숙박비와 스파 이용료를 자기들 돈으로 지급했고, 피로연 저녁식사로는 바닷가재와 최고급 필레미뇽 스테이크를 대접했다. 또 '오픈 바'를 설치해서 하객들에게 원하는 만큼의 음료를 모두 무료로 제공했다. 이 축복받은 행사의 이면에는 거의 5만 달러의 신용카드 고지서가 달라붙어 있었다. 남편이 약혼반지를 사기 위해 직장연금에서 대출받은 9천 달러는 별도였다. 동화 같은 한 번의 주말을 위해 그 부부는 몇 년 동안 계속될 악몽에 발을 디딘 셈이었다.

나는 확실히 안다. 행복하고 충만한 삶을 위해 정말 필요한 것이 무엇인지 생각해보지 않고 그저 우리가 살 수 있는 물건들로 자신을 정의하는 데 급급하다면, 우리는 그저 우리 능력 이상의 삶을 살거나 빚을 지는 데 그치지 않는다. 우리는 거짓된 삶을 사는 셈이 된다.

각종 고지서라는 이름의 짐이 그토록 끔찍하게 무거운 이유다.

우리는 우리 자신에게 진실하지 않은 것이다. 빚에서 자유로워지면, 목적이 있는 구매, 의미가 있는 것들을 삶에 들여놓을 수 있는 공간이 생기게 된다.

지금도 나는 무언가를 사기 전에 두 번 생각한다. 이것이 내가 지금 소유하고 있는 것과 어떻게 어울릴 것인가? 충동구매에 불과한 건 아닐까? 정말 쓸모가 있는 것인가 아니면 그저 아름다워서 갖고 싶을 따름인가?

몇 년 전 앤티크 가게에 갔던 때가 기억난다. 가게 주인은 18세기에 제작된 화려하고 고급스러운 화장대를 보여주었다. 거울과 숨은 서랍이 달린 화장대는 반질반질하게 공들여 윤을 내어 마치 체리나무 재질이 부르르 떨리는 것처럼 보였다. 나는 그 자리에 서서 살까 말까 하고 곰곰이 생각하다가 주인에게 말했다. "당신 말이 맞아요. 아주 아름다워요. 이런 물건은 처음 봐요. 하지만 이렇게 화려한 화장대가 정말로 필요한 건 아니네요."

그가 고고한 척 숨을 내쉬더니 대답했다. "부인, 이곳은 필요해서 물건을 사는 분들이 오는 곳이 아닙니다. 이 물건들은 향유되어야 하는 진귀품들이죠." 그의 말을 듣고, '흠. 정말 그러네. 그럼 난 '필요'한 걸 파는 가게에 가야겠네. 내가 진짜 찾고 있는 건 벽난로에 쓸 도구들이니까'라고 생각했다. 나는 화장대가 필요하지도 않았을뿐더러, 그걸 놓을 공간도 없었다.

앤티크 가게 주인의 말에 일리가 없는 것은 아니었다. 그저 소중히 여기고 즐겨야 할 물건들이 이 세상에는 분명히 있다.

하지만 나는 분수에 넘치는 소비를 하지 않을 때 모든 것을 훨씬 더 잘 즐길 수 있다는 것을 확실히 안다. 당신이 구매한 물건을 집으로 가져왔을 때 손톱만큼의 후회도 없고, 열흘이 지난 후에는 처음 샀을 때보다도 더 기분이 좋다면 당신은 현명한 쇼핑을 한 것이다.

1988년에 나는 티파니에서 두 가지 다른 무늬의 자기 세트를 앞에 두고 고민 중이었다. '이걸 살까? 아니면 저걸 살까?' 계속 왔다갔다 고민을 하고 있자니, 나랑 같이 간 사람이 참다

못해 한마디 했다. "다 사면 되잖아요. 오프라는 다 살 수 있잖아요." 그때 머릿속에 떠오른 생각을 나는 지금도 기억한다. '어머나, 세상에나! 맞아. 다 살 수 있어. 난 이 두 가지를 다 살 수 있다고!' 나는 마치 복권에 당첨된 양 매장 안의 바로 그 자리에서 껑충껑충 뛰기 시작했다.

그때 이후로 나는 쇼핑의 유혹을 수없이 당했다. 하지만 어떤 경험에서도 마음 챙김이 중요하다는 것을 알기에 나는 들뜨지 않으려고 애쓴다. 노란색 스웨터를 사면 내 기분이 어떨까? 이에 대한 대답이 '별생각 없는데'라면 나는 스웨터를 매대에 다시 내려놓거나, 그걸 받으면 기분이 좋아질 친구를 위해 산다.(예를 들면 게일이 그렇다. 사람들이 초콜릿을 좋아하는 것처럼 게일은 노란색을 좋아한다.)

당신이 돈을 쓰는 방식이, 당신이 누구이며 무엇을 좋아하는지 등의 당신에 대한 진실과 같은 선상에 있기를 바란다. 당신의 돈이, 당신과 당신이 사랑하는 이들에게 기쁨을 가져다주기를 바란다. 그리고 궁극적으로는 돈을, 당신이 지닌 좋은 의도를 충족시키기 위한 강력한 도구로 잘 사용하기 바란다.

이십대 시절, 워싱턴 D.C.에서 열린 조찬기도회에 참석한 적이 있다. 전미 흑인회The National Black Caucus가 주최한 그 행사에서 나는 클리블랜드에서 온 매우 설득력 있는 설교자의 연설을 듣는 행운을 누리게 되었다. 훗날 나의 멘토이자 벗이 된 오티스 모스 주니어 목사였다.

그날 모스 목사가 해준 이야기는 지금도 나와 함께 하고 있다. 가난한 소작인이었던 그의 아버지는 자식을 기르고 가족을 돌보기 위해 평생 일을 했다. 앞선 여러 세대가 오랫동안 견뎌왔던 모욕과 굴욕을 그도 똑같이 감내하며 살았다. 하지만 그가 오십대가 되었을 때, 마침내 앞 세대들은 결코 누릴 수 없었던 기회가 왔다. 선거에서 투표를 할 수 있게 된 것이다. 선거 당일, 그는 동이 트기 전에 일어나 가장 좋은 옷을 꺼내 입었다. 결혼식이나 장례식에 갈 때만 입는 옷이었다. 투표장으로 갈 준비를 마친 그는 인종차별주의자인 조지아 주지사에 반대하고 중도파에 투표하기 위해 길을 나섰고 거의 10킬로미터를 걸어서 투표장에 도착했다. 그런데 투표 관리인들은 그에게 투표장을 잘못 찾아왔다고 다른 곳으로 가라고 했다. 그는 또다시 10킬로미터를 걸어갔다. 그러나 두 번째 투표장에서도 같은 말을 들었다. 그가 마침내 세 번째 투표장에 닿았을 때 그들은 이렇게 말했다. "이봐, 늦었잖아. 투표는 끝났다고." 종일 30킬로미터 가까이를 걸었지만 투표하는 기쁨도 맛보지 못한 채 그는 지치고 진이 빠져 집으로 돌아왔다.

오티스 모스 시니어(아버지와 아들이 같은 이름을 쓸 때 아버지 이름에는 시니어, 아들 이름에는 주니어를 붙인다. — 옮긴이)는 귀를 기울여주는 사람 누구에게나 이 이야기를 했고, 다음 투표 기회를 고대하며 살았다. 그러나 자신이 원하는 선택을 한다는 그 기회를 한 번도 갖지 못한 채, 그는 다음 선거가 열리기 전에 세상을 떠났다.

이제 나는 그 기회를 갖고 있다. 내가 투표를 할 때마다 나는 나 자신뿐 아니라 오티스 모스 시니어를 위해서, 그리고 선택하기를 원했지만 할 수 없었던 수많은 이를 위해서 선택을 한다. 나보다 먼저 이 세상에 와서 삶의 에너지를 바친 사람들, 오늘날 당신과 내가 중요한 세력으로 부상하게 된 기반을 제공한, 그 모든 이를 위해 투표를 한다.

소저너 트루스는 1851년 애크런에서 열린 여성 권리 대회에

256

서 다음과 같은 연설을 했다. "신이 지은 첫 번째 여성이 혼자서 세계를 뒤집어놓았을 정도로 강했다면, 오늘 여기 모인 여성들은 다 함께 그 세계를 다시 되돌려놓을 수 있어야 합니다. 그래서 세상이 다시 제대로 자리를 잡을 수 있도록 말입니다!" 여성이 투표에 대거 참여한다면, 우리는 놀라운 변화를 보게 될 것이다.

그런데 최근에 나온 투표 통계치는 우리 여성이 물려받은 자랑스러운 혈통, 자신은 목소리가 없을지언정 딸들은 다른 미래를 살기를 원했던 앞세대 여성의 희망에 먹칠할 정도로 모욕적이었다. 2008년, 투표권을 가진 여성 유권자 중 3분의 2만이 투표를 했다. 제발 기억하자. 2000년의 대통령 선거는 단지 537표 차이로 그 결과가 정해졌다. 나는 확실히 안다. 우리가 우리 자신과 우리 앞에 왔던 선조들을 존경한다면 투표를 통해 우리의 목소리를 내려고 노력해야 한다.

우리는 의료 예산의 95퍼센트를 질병을 다루는 데 사용하고, 건강 유지 및 질병 예방에는 5퍼센트 미만을 사용하는 나라에 살고 있다. 정말 엉망진창이 따로 없다. 의료에 관한 사고 체계가 바뀌어야 한다. 그 변화의 시작은 우리가 우리 자신을 어떻게 볼 것인지에 달려 있다. 인간을 질병을 퍼뜨리는 존재로 간주하는 경우와 그와는 반대로 건강을 전파하는 존재로 간주하는 경우는 의료행위에 대한 개념 자체가 달라지기 때문이다.

건강하다는 것은 우리가 신체적으로, 감정적으로, 영적으로 최고 속도를 내며 살아가는 모습을 말한다. 깨어 있고 생생히 살아 있음을 느끼며 다른 존재들과 이어져 있음을 뜻한다. 인생이 하나의 원이고 인생의 모든 측면(가족, 재정 상태, 인간관계, 일 등)이 그 원의 일부라고 했을 때, 만약 한 부분이 잘못 작동하면 결국은 전체에 영향이 미친다는 사실을 누구나 이해할 수 있을 것이다.

우리는 살아가면서 일에 몰두하느라 자신을 보살피는 데 소홀한 경우가 너무나 많다. '성별, 국적, 소유물, 기억 등 살아온

배경에 의해 그 정체성이 형성된 나의 존재'가 필요로 하는 것을 살피는 것과, 진정한 나 자신을 보살피는 것 사이에는 아주 커다란 차이가 있다. 그 둘을 구분할 수 있다면 당신은 크게 시간을 낭비하는 것을 피할 수 있다. 이 점을 나는 확신한다.

당신은 당신의 정신, 육체, 영혼과 소통하면서 당신이 살아야 할 바로 그 운명의 삶을 살아야 한다. 이 세 가지와 완전히 연결되어 있다면, 살아가는 동안 당신의 잠재력을 최고로 발휘할 수 있게 된다.

결정은 당신이 내려야 한다. 단순히 어영부영 세월을 보내는 대신 이곳에 부름을 받은 목적을 추구하겠다고 결정하는 것은 당신의 몫이다. 미국 여성의 평균 기대 수명치는 80세다. 하지만 그것은 예측이지 약속이 아니다. 당신이 오늘 하는 일이 내일을 창조한다.

당신을 기다리고 있는 풍요한 삶을 소유하기 위해서 당신은 기꺼이 진정한 일을 할 의향이 있어야 한다. 그 일이란 당신의 직업이나 경력의 내역이 아닌 당신을 위해 가장 위대한 소망을 속삭여주는 영혼을 따르는 것이다. 그 속삭임을 듣기 위해서 당신은 때때로 조용히 침묵해야 한다. 그리고 정기적으로 확인해야 한다. 당신은 반드시, 당신의 정신에 새로운 가능성을 열어갈 생각과 아이디어를 제공해야 한다.(배움을 멈추면 성장도 멈추게 된다. 그리고 당신은 무의식적으로 우주에게 '나는 이미 다 했어요. 내겐 새로운 게 필요 없어요'라고 말하는 셈이 된다. 하지만 정말 그렇다면 당신이 여기에 있을 필요가 없지 않은가?)

당신이 몸을 함부로 다룬다면 당연히 몸에 문제가 생긴다. 눈 가리고 아웅은 통하지 않는다. 당신의 신체에는 운동과 좋은 음식이 필요하다. 당신이 마치 이겨야만 하는 경주를 뛰는 양 인생을 내달리며 살고 있다면, 속도를 줄이고 휴식을 취할 필요가 있다. 당신은 이미 이겼기 때문에 더 이상 내달릴 필요가 없다. 그것이 진실이다. 당신은 여전히 이곳에 있지 않은가. 잘못을 바로잡고 더 나은 인생을 살면서 성장할 수 있는 또 한 번의 기회가 있다. 지금 시작할 수 있다.

여러 해 전, 젊은 어머니가 오프라 쇼에 나와 아들을 재우는 게 너무 힘들다며 하소연한 적이 있다. 그녀의 세 살배기 아들은 그 집의 지배자였다. 늘 엄마의 침대에서 자고 싶어 했고 자기 침대에는 눕는 것조차 거부했다. 어머니가 강요할수록 아들의 저항은 격렬해졌다. 아이는 말 그대로 지쳐서 쓰러질 때까지 화내며 소리치고 온 집안이 떠나가도록 비명을 질러댔다.

우리는 어머니와 아들의 전투장면을 담은 비디오테이프를 같이 보았다. 이 방면의 전문가인 스탠리 투레키 박사가 테이프를 본 다음 한 말에 내 팔의 털이 비쭉 곤두섰다. "당신이 결정을 내리기 전까지는 어떤 변화도 일어나지 않습니다." 세 살배기 꼬마가 자기 침대에 가지 않은 이유는, 어머니가 아들을 그의 침대에서 재우겠다고 결정하지 않았기 때문이었다. 어머니가 결정을 내리면, 아이는 자기 침대로 갈 것이다. 잠이 들 때까지 울고불고 난리를 칠 수도 있겠지만, 어느 순간 아이는 어머니가 이미 마음을 정했음을 깨달을 것이었다.

투레키 박사의 말은 세 살짜리 아이에 관한 말이었지만, 그

멋진 조언은 우리 삶의 다양한 측면에도 적용된다는 것을 나는 확실히 안다. 인간관계나 경력 관리, 체중 문제 등 모든 것이 실제로 우리의 결정에 달려 있다.

당신이 무엇을 어떻게 해야 할지 모르겠다면, 그것이 명확해질 때까지 아무것도 하지 말라는 것이 내가 할 수 있는 가장 좋은 충고다. 스스로 고요함을 찾아, 세상의 목소리가 아닌 나 자신의 목소리를 들을 수 있게 된다면, 명확함은 금세 당신 곁으로 다가올 것이다. 그리고 원하는 것이 무엇인지 스스로 판단을 내려 결정한 후에는 그것을 실행하는 데 온 힘을 다해야 한다.

나는 등반가 W. H. 머레이가 한 말을 참 좋아한다.

사람이 어떤 것에 전념하게 될 때까지는 망설임, 도중에 그만둘 가능성, 무력함이 언제나 존재한다. 무언가를 앞서 시작하고 창조하는 모든 행동과 관련해서 우리가 염두에 두어야 하는 근원적 진실이 한 가지 있다. 그것을 무시하면 수없이 많은 아이디어와 훌륭한 계획이 사라져버리는 그 진실은 바로, 우리가 무엇인가에 자신을 오롯이 바치는 순간 하늘도 움직인다는 것이다. 그런 헌신이 없다면 일어나지 않았을 온갖 일들이 일어나 그 사람을 돕게 된다. 그 사람이 내린 그 하나의 결심으로부터 일련의 사건들이 일어나며 누구도 그를 향해 오리라 꿈꿀 수 없었던, 예상치 못한 온갖 일과 만남과 물질적 보조가 그 한 사람을 향해 찾아온다. 나는 괴테의 2행시 한 편에 깊이 공감한다. "당신이 할 수 있는 모든 것을, 또는 꿈꿀 수 있는 모든 것을 시작하라 / 대담함은 그 안에 천재성과 힘과 마법을 함께 지니고 있으니."

결정을 내리자. 그리고 당신의 삶이 앞으로 나아가는 모습을 바라보자.

'가장 영향력 있는 인물'의 목록을 보는 것이나, 누군가의 영향력이 외적인 것들, 예를 들면 명성이나 지위, 재산 등으로 규정되고 그 순위가 매겨지는 모습을 보는 것은 언제나 신기하고 재미있다. 올해에는 목록 위쪽에 있던 사람이 다음 해에는 목록에서 아예 사라지는 것도 놀랍다. 불과 심사단 회의 한 번에 의해서 말이다. 그 사람의 영향력이 가짜였던 걸까? 아니면 힘이란 오로지 그 사람의 지위에만 있던 걸까? 우리는 종종 그 두 가지를 섞어서 생각한다.

내가 진정한 힘에 대해서 생각할 때면, 그 사람의 사람됨과 더 큰 선善을 위한 목적이 궤를 같이할 때 생기는 그런 힘이 떠오른다. 나에게 진정한 힘이란 내가 이루어야 할 나의 모든 모습이 반영된 그런 힘이다. 이런 종류의 힘이 진실함과 확신의 형태를 띠고 그 힘을 가진 사람으로부터 빛을 내며 뿜어 나오는 모습은 저항할 수 없을 만큼 매혹적이다. 그것은 영감을 불러일으키며 기분을 고양한다.

그것은 정렬의 힘을 통해서 실현 가능하다. 당신이 제대로 길에 들어 당신이 마땅히 해야 할 일, 즉 당신 영혼의 의도와 가슴의 소망을 충족시키는 일을 하고 있다는 걸 확실히 알게 되면 진정한 힘이 발휘된다. 당신의 삶이 당신의 소명과 만나 한 길에 머물 때 당신은 당신이 누릴 수 있는 가장 강력한 순간에 머물게 된다. 설사 어딘가에 발이 걸려 비틀거리게 될지라도 절대 넘어지지 않게 된다.

허리케인 카트리나(2005년 미국 루이지애나 주를 강타한 허리케인 카트리나는 현대 미국 역사상 가장 참혹한 자연 참사 중 하나로 꼽힌다. ─ 옮긴이)가 몰아치고 5일이 지난 후 나는 그 비극적인 결과를 직접 확인하기 위해서 루이지애나 주로 내려갔다. 마야 안젤루는 그곳의 모습을 다음과 같이 심오하게 묘사했다. "대지는 물이 되었다. 그리고 물은 자신이 신神이라고 생각했다."

수천 명의 주민이 뉴올리언스의 슈퍼돔 구장에 모여 지원이 도착하기를 기다리고 또 기다린 지 5일째 되던 날, 나는 그곳에 들러 10분도 채 머무르지 않았다. 그곳을 방문하고 며칠이 지난 후에도 나는 여전히 소변과 대변의 냄새를 맡을 수 있었다. 살이 썩는 쨍한 냄새와 섞여 나던 오물의 냄새도 기억난다.

나는 TV에서 말했다. "제 생각에는 모두가, 이 나라 전체가 그분들께 사과해야 한다고 생각합니다."

이튿날, 나의 가장 절친한 벗이며 『O 매거진』의 명예 편집자이기도 한 게일이 어느 성난 잡지 구독자의 전화를 받았다. 그녀는 잡지 구독을 취소하겠다며 그 이유를 다음과 같이 밝혔다. "정부가 그 사람들한테 사과할 필요가 있다는 등 우리한테 그따위로 말하다니, 오프라는 주제를 모르고 건방지군요. 망령이 났나?"

내가 확실히 아는 것은, 모든 참사 뒤에는 우리가 배워야 할 커다란 교훈이 있다는 점이다. 우리가 '우리와 그들'이라는 분리 게임을 하는 한, 우리가 인간으로, 한 국가로, 혹은 한 행성으로 진화할 수 없다는 것이 그 교훈 중 하나다. 카트리나는 우리에게 열린 마음의 공간에 살며 연민을 표현할 기회를 주었다.

나는 신이 왜 내게 이런 일을 일어나게 했느냐며 고통스러워하는 많은 사람을 보았다. 그런데 과연 그들 말대로 모든 게 신의 탓일까? 인간들이 고통을 받는 이유는 신의 탓이 아니라, 우리가 '하는' 일과 우리가 '하지 않는' 일 때문이다. 그것이 참사가 가르쳐주는 또 하나의 교훈이다.

허리케인이 몰아친 후 뒤따른 여파의 상당 부분은 인간에 의한 것이었다. 우리가 모두 알고 있듯이, 꾸지람을 들어야 할 사람은 아주 많다. 하지만 허리케인 덕분에 우리는 절망과 공포, 무기력의 순간에도 우리 한 사람 한 사람이 희망의 무지개가 되어 서로에게 최선을 다해 친절하고 은혜롭게 손을 내밀 수 있다는 사실을 배웠다. '그들'이란 없으며 모두가 '우리'였기에 가능한 일이었음을 나는 확실히 알고 있다.

2009년 1월에 나는 『O 매거진』의 표지에 두 번 등장했다. 잡지 표지에 두 가지 모습의 내가 '전'과 '후'로 나란히 실렸다. 앞의 나는 몸매가 좋았고, 뒤의 나는 뚱뚱했다. 몸무게 때문에 고민하는 사람이 나 혼자가 아님을 알기에 나는 그 두 사진을 함께 보여주는 데 거리낌이 없었다. 미국 성인의 66퍼센트가 과체중이거나 비만이다. 그리고 그 사실에 대해 행복해 하는 사람은 거의 없다.

잡지 표지에 대한 반응은 폭발적이었고 응원의 메시지가 폭주했다. 그중에서도 친구가 보낸 이메일 한 통은 내게 아주 깊은 인상을 남겼다. "나는 네 체중에 대해 이렇게 생각해. 그건 너의 경고등이야. 그리고 우리는 모두 각자 인생의 가장 멋진 부분을 불태우고 있는 거야."

그 구절을 읽었을 때 나는 진정한 깨달음의 순간을 맛보았다. 나의 체중은 내가 나의 중심에서 떨어져 나갔다는 것을 번득이는 불빛과 함께 경고하는 일종의 방향등인 것이다.

내가 지금 확실하게 아는 것은, 체중은 나에게 음식의 문제가 아니라 영적인 문제란 것이다. 마리안 윌리엄슨이 보낸 이메일에 나는 크게 공감했다. "당신의 체중이 사실은 당신을 최고의 삶으로 인도하는 초대장입니다."

실패할 수밖에 없는 다이어트를 수없이 시도하며 보낸 그 오랜 세월 동안 나는 체중은 벽과 같다고 생각했다. 나는 체중 '문제'를 겪고 있다고 스스로에게 말했다. 균형이 깨진 내 존재를 바라보며, 그 사실을 억누르기 위해 어떻게 음식을 사용했는지 생각해볼 시도는 하지도 않았다.

나는 트레이너 밥 그린과 함께 『연결고리를 이어라Make the Connection』라는 책을 쓴 적이 있다. 책의 제목은 밥의 아이디어였다. 내 분량이었던 살찐 것(밥과 처음 만났을 때 나는 107킬로그램이었다)에 대해 답답함을 토로하는 일기 부분을 쓰는 도중에도 나는 종종 그에게 묻곤 했다. "다시 말해줘요. 연결고리가 뭐라고요?"

나는 밥으로부터 내 과식이 감자칩의 문제가 아니며, 나의 음식 중독 안에 쌓인 여러 겹의 껍데기를 벗겨내서 정말 나를 괴롭히고 있는 게 무엇인지 알아내야 한다는 걸 배우긴 했다. 그럼에도 한동안 내가 껍데기를 충분히 벗겨내지 못했음이 명백했다.

하지만 지금은 잘 안다. 연결고리를 잇는다는 것은 나에 관한 모든 것을 사랑하고 존중하고 보호한다는 뜻이다. 밥은 자주 내게 말했다. "오프라의 체중은 궁극적으로는 자신을 가치 없다고 느끼는 당신의 감정과 이어져 있어요." 오랫동안 나는 그 말에 격렬하게 반대했다. "이봐요, 밥 그린 양반. 난 말이죠. 자기가 가진 걸 소유할 자격이 없다고 생각하는 그런 부류의 사람이 아니에요. 정말로 뼈 빠지게 일해서 내가 가진 것들을 손에 넣었다고요."

하지만 내가 영적인 길을 따라 체중 문제에 접근하게 되자, 나는 가치 없다는 감각이 여러 가지 형태로 다가올 수 있다는 걸 알게 되었다.

나는 세 살부터 이미 성취에 집착하는 경향을 보였다. 오랫동안 내가 이곳에 있어도 되는 사람이라는 걸 보여줘야 한다는 생각, 즉 나의 가치를 증명해야 할 필요성을 느꼈다. 나는 열심히 공부해서 A 학점을 받았고 웅변대회에서 수상해서 장학금을 탔다. 삼십대 중반이 되어서야 비로소 나는 그저 태어난 것만으로도 이곳에 있을 가치가 있음을 깨달았다. 나는 증명해야 할 것이 아무것도 없었다.

과식하는 사람들의 경우, 과체중은 대부분 해결되지 못한 근

심, 답답함, 우울함에 이어져 있다. 그러한 감정이 모두 두려움으로 집약되었지만, 그것이 해소되지 못해서 과식으로 이어진 것이다. 두려움을 해결하는 대신 음식으로 덮어버리고, 두려움을 냉장고에서 꺼낼 수 있는 것들로 억압해버린 결과가 바로 과체중이다.

당신이 두려움을 정복할 수 있다면, 당신은 자유롭게 날게 될 것이다. 그것 또한 확실하다.

우리 안에서 삶이 깨어나게 하자. 당신이 어떤 문제를 가졌는지는 중요하지 않다. 과식이든, 어떤 종류의 중독이든, 관계나 돈, 지위의 상실이든, 그 문제를 향한 당신의 도전이 당신 자신의 가장 거룩한 발견을 이끌어낼 도구가 되게 하자. 최고의 삶으로의 초대가 되게 하자.

마우이 섬 너머로 해가 지는 것을 바라보는 것이 정말 좋다. 하늘이 변신한다. 자연은 보잘것없는 우리 인간들보다 더 쉽게 변신한다.

더 나은 자신으로 진화하는 것은 우리의 인생 전체가 필요한 발굴의 과정이다. 우리는 자신의 숨은 문젯거리를 드러내기 위해 더 깊이 파내려가야 한다. 때로는 그것이 마치 킬리만자로에서 삽을 들고 땅을 파는 것처럼 어렵게 느껴지기도 한다. 자꾸만 삽에 바위가 걸리기 때문이다.

하지만 나는 그냥 내버려둔 바위가 둔덕이 되었다가 결국은 산으로 변한다는 사실을 알고 있다. 그렇게 되지 않기 위해서 우리는 매일 정리정돈을 해야만 한다. 직장과 가정, 사람들과의 관계, 재정관리, 그리고 건강관리에서도 마찬가지다.

문제를 모른 척하는 것이 확실히 더 쉬운 일이지만, 어려움을 피하지 않고 문제를 해결하기 위해 잰 발걸음으로라도 종종거리기 시작한다면, 그 작디작은 한 걸음이 결국은 자기실현으로 이어지는 여로를 성큼성큼 걷는 거인의 도약으로 커지게 된다.

자신의 잠재된 가능성에 도달한다는 것이 그저 생각으로만
머물러서는 안 된다. 그것이 궁극적인 목표가 되어야 한다. 우
리가 만들어낼 수 있는 놀라운 일들은 인류의 기준으로 가늠
되는 것이 아니다. 무엇이 유행이고 무엇은 아닌지, 무엇이 새
롭고 무엇은 아닌지와도 전혀 관련 없다.

우리가 누구의 삶에 감동을 주었는가, 우리가 누구를 사랑
했고 누구에게 그 사랑을 돌려받았는가. 나는 이러한 핵심적인
문제들에 대해 말하고 있는 것이다.

그것이 무엇보다 중요하다는 것을 나는 확실히 안다. 내게
추구할 가치가 있는 유일한 목표는, 의식의 변환을 통해 내가
다른 모든 존재보다 더 나은 존재도 더 못한 존재도 아니라는
것을 깨닫는 것이다. 나는 그저 나라는 것을 깨닫고자 한다.

'다른 이에게 대접받고자 하는 대로 다른 이를 대접하라'. 황금률에 대해 배웠을 때 나는 초등학교 3학년이었다. 나는 그 말을 사랑해서 내 모든 소지품에 적어 가지고 다녔다.

나는 착한 일을 하는 아이였다. 선교사가 되겠다고 생각한 적도 있다. 매주 일요일, 나는 교회에 가서 오른쪽에서 두 번째 줄에 자리를 잡고, 공책을 꺼내 목사님이 하시는 말씀을 모조리 받아 적었다. 그리고 '월요일 아침의 헌신'이라는 이름으로 다음 날 학교에 가서 운동장에서 목사님의 설교를 낭독했다. 여덟 살내기 동급생들은 내가 오는 모습을 보면 "야, 설교사 온다!"고 말하곤 했다. '진보 선교 침례교회'가 코스타리카의 불쌍한 아이들을 위해 모금 운동을 시작했을 때 나도 모금을 시작했다. 누구보다도 많은 액수를 모을 계획이었다. 나는 점심값을 아꼈고 나처럼 해보라고 반 친구들을 설득했다. 내가 삶의 기준으로 삼은 '타인에게 똑같이 행하라'는 원칙을 실천하는 한 가지 방법이었다.

하지만 5학년이 되자 나는 여러 문제에 봉착했다. 우리 반에 나를 좋아하지 않는 여자아이가 있었고, 나는 학교 밖에서 그 아이에 대해 떠들고 다녔다. 어느 날 그러고 다니는 나를 본 한 친구가, 내가 그 아이에 대해 뒷말을 하는 것을 보니 그 아이도 그러는 모양이라고 비꼬듯 지적했다. 나는 "상관없어. 어쨌든 난 그 애가 마음에 들지 않아"라고 대꾸했다.

오랫동안 나는 내 안의 올바른 면에 반하는 것을 말하거나 행할 때마다 그것을 스스로 정당화하려고 했다. 선행이든 악행이든, 우리가 행하는 모든 것이 우리에게 되돌아온다는 사실을 그때는 미처 깨닫지 못했다. 다행히 인생의 어느 순간에 나는 그 진실을 알게 되었다. 어떤 힘의 작용에는 그와 동일한 힘을 가진 반작용이 가해진다는, 뉴턴의 제3법칙이 그것을 이해하는 데 도움이 되었다. 동양의 철학자들이 '업業'이라 부르는 것의 핵심이기도 하다. 내가 출연했던 영화 〈컬러 퍼플The Color Purple〉에 나오는 셀리가 남편 미스터에게 해준 설명도 같은 뜻이다. "당신이 내게 하려는 짓은 이미 당신에게 되돌아갔어요."

지구가 태양 주위를 도는 것만큼이나 확실하게, 당신의 행동은 당신 주위를 돌고 돈다.

이런 이유로, 사람들이 행복을 찾고 있다는 말을 하면 나는 그들에게 "당신은 세상에 무엇을 주고 있나요?"라고 묻는다. 남편과의 관계가 왜 깨졌는지 의아해 하던 어느 여성이 오프라 쇼에 출연한 적이 있다. 그녀는 "그이가 예전엔 나를 너무나 행복하게 해줬어요. 하지만 이제는 나를 행복하게 해주지 않네요"라는 말을 되풀이했다. 그 여인이 보지 못한 것은 그러한 결과를 불러온 원인이 바로 자기 자신이라는 점이었다. 행복이란, 다른 사람에게서 받을 수 있는 것이 결코 아니다. 내가 느끼는 행복은 내가 베풀 수 있는 사랑에 정비례한다.

당신의 인생에 무언가가 부족한 듯 느껴진다면, 당신이 마땅히 받아야 할 것을 받지 못하고 있다는 생각이 든다면, 우리 인생에는 사실 『오즈의 마법사』에 나오는 행복으로 이어지는 노란 벽돌담 따위는 없다는 점을 기억하자. 인생을 이끄는 것은 당신 자신이다. 인생이 당신을 이끄는 것이 아니다.

자녀와 함께 더 많은 시간을 보낸 후 삶에 무엇이 돌아오는지 살펴보자. 상사나 동료에게 치밀었던 화를 가라앉히고 나면 어떤 결과가 생기는지 기다려보자. 당신 자신과 다른 이들을 사랑으로 대하고, 그 사랑이 어떻게 내게 응답을 해오는지 기대해보자. 당신이 잘 알고 있든 모르든, '가는 대로 온다'는 법칙은 항상 들어맞는다. 사소한 일에도, 중요한 일에도, 그리고 아주 대단한 일에도 그 법칙은 어김없이 작용한다.

나는 나와 마주치는 모든 이에게 좋은 일을 하고 그들과 잘 지내려고 늘 노력한다. 내 인생을 반드시 선량하게 쓰기 위해 유의한다. 내가 생각하고 말하고 행하는 것, 그 모든 것이 내게로 다시 돌아온다는 것을 확실히 알기 때문이다. 그것은 당신의 경우에도 진실일 것이다.

지은이 **오프라 윈프리**Oprah Winfrey

매스미디어의 힘을 통해 세계 각지의 사람들과 폭넓은 교감의 장을 만들어낸 방송인 오프라 윈프리는 다양한 수상 경력과 최고의 시청률을 자랑하는 〈오프라 윈프리 쇼〉의 사회자이자 선임 프로듀서로서 25년 동안 수많은 시청자를 즐겁게 하고 깨우침의 기회를 선사했으며 대중의 의식을 고양해왔다. 특히 매스미디어 분야의 세계적 리더이자 자선활동가로 무수한 성취를 이루며, 오늘날 가장 존경받는 대중적 인물의 한 사람으로 자리매김했다.

옮긴이 **송연수**

서울에서 나고 자라 한국과 미국에서 공부했다. 하버드법대 교수 석지영의 첫 에세이 『내가 보고 싶었던 세계』를 비롯해 여러 책을 우리말로 옮겼다.

내가 확실히 아는 것들

1판 1쇄	2014년 12월 5일
1판 3쇄	2014년 12월 29일

지은이	오프라 윈프리
옮긴이	송연수
펴낸이	김정순
기획	이은정 김수진
책임편집	이은정
디자인	김진영
마케팅	김보미 임정진 전선경

펴낸곳	(주)북하우스 퍼블리셔스
출판등록	1997년 9월 23일 제406-2003-055호

주소	121-840 서울시 마포구 양화로 12길 24(서교동 395-4) 선진빌딩 6층
전자우편	editor@bookhouse.co.kr
홈페이지	www.bookhouse.co.kr
전화번호	02-3144-3123
팩스	02-3144-3121

ISBN 978-89-5605-805-4 03840

이 도서의 국립중앙도서관 출판시도서목록(CIP)은 e-CIP 홈페이지(http://www.nl.go.kr/cip.php)에서 이용하실 수 있습니다.(CIP2014032340)